Das Buch

Die Spurensuche setzt ein, wenn man in die Jahre kommt. Zuvor ist man zu sehr beschäftigt, als dass man (oder frau) Zeit hätte, den Wurzeln der Familie und damit der eigenen Herkunft nachzugraben. Jutta Hager, Lehrerin aus dem Osten, seit 1978 im Westen lebend, tut dies hier. Sie fragt nach den Gründen, wie sie die wurde, die sie ist. Ihr Rückblick gilt auch den Verhältnissen, unter denen sie lebte und jenen, denen sie heute ausgesetzt ist. Ihr Text ist eine Art Zwiegespräch mit sich selbst. Wäre sie fromm, was sie nicht ist, hätte sie dazu vielleicht einen Beichtvater. Zwangsläufig muss sie hier alles mit sich selbst ausmachen. Das Jahr 1978 markiert eine Zäsur, die Wolf Biermann — im Unterschied zu ihr ausgebürgert, sie reiste legal aus — seinerzeit zutreffend charakterisierte: »Hier fallen sie auf den Rücken / Dort kriechen sie auf dem Bauche / und ich bin gekommen / ach! kommen bin ich / vom Regen in die Jauche«

Die Autorin

Jutta Hager, Jahrgang 1947, geboren in Böken im Kreis Schwerin. Der Vater war Schuhmacher, die Mutter Schneiderin, dazu vier Brüder. Nach dem Abitur in Crivitz Studium in Rostock und Berlin, zwischenzeitlich dreijährige Tätigkeit als Hilfsschwester in der Psychiatrischen Klinik in Schwerin. 1975 Abschluss des Studiums als Diplomlehrerin für Deutsch und Englisch. Danach Lehrerin in Berlin-Mitte. 1977 Antrag auf Entlassung aus der DDR-Staatsbürgerschaft, 1978 Ausreise in die BRD. 1984 Zweites Staatsexamen für das Lehramt an Realschulen, einjährige Tätigkeit als Vertretungslehrerin, 1989 Beginn der bis heute ehrenamtlichen Tätigkeit im Verband »Zusammenarbeit mit Osteuropa«. Von 2002 bis 2013 Lehrerin an einer Realschule in Mainz. Jutta Hager ist verheiratet und Mutter von drei Kindern. Sie lebt in Mainz.

D1674571

Jutta Hager

Vom Glück
der einfachen Kuchen
oder
Die Grenzgängerin

verlag am park

ISBN 978-3-945187-45-6

© 2015 verlag am park in der edition ost Verlag und Agentur GmbH,
D-10117 Berlin, Friedrichstraße 106 b
Satz und Layout: edition ost
Titel: edition ost unter Verwendung eines Fotos von Robert Allertz

Druck und Bindung: Sowa Druk, Polen

Die Bücher des verlags am park und der edition ost
werden vertrieben von der Eulenspiegel Verlagsgruppe.

14,99 Euro

www.edition-ost.de

Erst starb der König, dann starb die Königin.
Das sagt die Geschichte.
Erst starb der König, dann starb die Königin aus Kummer.
Das sagt die Literatur.

Was machst du, wenn du 1945 auf einem Bahnhof stehst, in Mecklenburg, mit drei kleinen Jungen und einem Mann, dessen Wert sich erweisen muss, ein paar Habseligkeiten, nichts kennst du, nur, du weißt, das wird ein neues Leben.

Was erwartest du, wenn du im Jahre 1978 auf dem Bahnhof Friedrichstraße in Berlin stehst und in den Westen ausreist, aber auch fast alles zurück lassend?

Weißt du, was du zurücklässt?

1. Kapitel

Varnsdorf und die Mutter des Fräuleins

Auch Tatjana, 1922 geboren, mit erstem Rufnamen Anita, Mutter der Schreiberin, hatte sich nichts ausgesucht, ihre Eltern nicht, ihre so genannte Heimatstadt in der Tschechoslowakei nicht, auch nicht, dass sie bei ihren Großeltern aufwachsen musste, ohne Spielkameraden, mit einem mitunter tyrannischen Großvater, lieblos und gewalttätig gegenüber seiner Frau.

Das war alles schief, Krankheit und Freitod ihrer geliebten Großmutter, Hebamme, der Jähzorn ihrer Mutter, der so frühzeitig verschwundene Vater, über den es kein gutes aber um so mehr böse Worte gibt, für den nun sie büßen muss; schon weil sie ihm so ähnlich sieht.

Das originale Hebammendiplom, Prag, 30. September 1905, und den Hebammenkoffer von Tatjanas Großmutter sowie ihr kleines Gebetbuch mit den eingelegten Heiligenbildchen besitzt heute die einzige Urenkelin, die Schreiberin.

Tatjana ist eine gute Schülerin und die Nonnen in der katholischen Schule wollen sie zur weiterführenden Schule schicken. Auch 1930 war das schon wichtig. Ihre Mutter hatte wohl gedacht, eine katholische Erziehung würde die Wiederholung ihrer »Fehltritte« verhindern. Und so muss Tatjana auch schreiben, einhundert mal »Das Doch macht mich frech«, die Nonnenschule nimmt ihren Auftrag ernst. Die Mutter ist aber nur einfache Samtschneiderin, so kommt eine höhere Schule nicht in Betracht. Das von der Hebamme erwirtschaftete Vermögen hat der Erste Weltkrieg verschluckt. Tatjana lernt Nähen, Schneidern. Zeitlebens hasst sie diesen Beruf. Dass dieser für ihre Familie einmal lebenserhaltend werden würde, das ist nicht abzusehen.

Trotz aller Vereinsamung, sie hat weder Geschwister noch Spielkameraden, das sind Katzen und Hühner, trotz Prügel und mangelnder Anerkennung gibt sie nicht auf. Sie weiß, dass sie nicht die rassige Schönheit ihrer Mutter hat, in der ganzen Kleinstadt bewundert, aber sie weiß auch, dass sie genau der Idealtyp der Deutschen ist, schlank, vollbusig, mit blondem, seidig welligem Haar und lachenden, blauen, mitunter leicht verschleierten Augen. Trotzdem darf sie nicht zum BDM (Bund Deutscher Mädchen), zu ihrem Kummer, wären doch da Menschen gewesen. Aber ihr Vater aus der Steiermark gilt als Jugoslawe. Jugoslawen sind Slawen, also undeutsch nach Hitlers Lesart; nix mit BDM.

Tatjanas Chance kommt, als das Pflichtjahr eingeführt wird. Deutschland hat sein Reich inzwischen erweitert. Wie teuer sie das zu stehen kommen wird, das ahnen die nun neuen Reichsdeutschen nicht im Entferntesten.

Tatjana geht zum Arbeitsamt ihres Städtchens und meldet sich für einen Einsatz im Reich. Ob sie das mit oder ohne Wissen ihrer Mutter vornimmt, ist nicht bekannt, wie sie überhaupt nur sehr selektiv aus ihrer Kindheit und Jugend berichtet. Und da soll schon aus Respekt nichts dazu erfunden werden, nichts nach eigenem Gusto ausgemalt.

Entgegen ihrer oft geäußerten Beteuerung, sie sei nicht durchsetzungsfähig, und hier führt Tatjana gerne das Zeugnis ihrer Nonnen an, wonach sie zwar willig aber ohne Ehrgeiz sei, kehrt sie in jungen Jahren ihrer ungeliebten Stadt und ihrem löchrigen Elternhaus den Rücken und kommt »in Stellung«.

In Wuppertal lernt sie bei Fabrikanten, was ein großbürgerlicher Haushalt ist. Man staubt die Weinflaschen im Keller nicht ab, sie werden mit dem Staub auf den Tisch gestellt; die Jahre sollen zu sehen sein. Der Hausherr merkt, dass eine einzige Knoblauchzehe leicht angegangen war. War es in Tatjanas Zwei-Frauen-Haushalt oft auch lustig zugegangen, die Mama hat neben ererbtem Jähzorn auch Lebenslust und Spontanität und es wurde etwas Schönes gekocht und einfacher Kuchen gebacken, sie hörten die ersten Grammophonplatten mit Richard Tauber, man ging ins Kino, der Mandolinenclub traf sich und es gab böhmisches Essen und Buchteln – hier nun herrscht das Eisige.

Der Hausherr ist überwiegend abwesend, die Hausfrau zur Perlenkettenträgerin geschichtet, jede Enttäuschung eine Perle, und das Kind ist Bettnässer, sich mit Freuden an das junge Mädchen anschließend; es singt einer und liest was vor und das Bettnässen darf »geschwitzt« sein.

Von Wuppertal geht es nach Berlin, wieso, das wird nie erörtert. In Berlin lernt Tatjana einen Mann kennen, der es ernst meint. Sie wird schwanger, erfährt, dass der Mann noch verheiratet ist, wenn auch in Scheidung lebend, wie er beteuert. Tatjana ist gut katholisch erzogen und geht nicht zum Tor, als die Ansage der Militärfabrik sie ruft.

Sie verabschiedet sich nicht, ein verheirateter Mann ist nicht akzeptabel. Er geht nach Warschau und bleibt da, verschollen. Ob das angesichts der Ereignisse dort eine Gnade ist, davon kann fast ausgegangen werden. Nur, dass es wiederum der unschuldige und herzensgute Sohn erben wird, eine lebenslange Bürde; die Sache mit den Vätern. Später lernt Tatjana seine verwitwete Familie kennen, sie hat ja seinen Sohn. Die Halbgeschwister finden nie zueinander.

Die Avancen anderer Bewerber in ihrer Heimatstadt hatte sie abgelehnt. Sohn von Fabrikbesitzer, wie soll das gehen, oder zu unflott, meint sie.

Jetzt kommt sie in das Mütterheim in Oranienburg, dort kommt ein hübscher Junge zur Welt, Liebling des gesamten Heimes. Tatjana fühlt sich zum ersten mal in der Mitte des Lebens, gut versorgt werden sie auch. Trotz der Bombardierungen, sie läuft mit ihrem Kind durch die brennenden Straßen von Berlin, will Tatjana nicht heim. Sie hat etwas Eigenes.

Das Ende kommt bald, sie hat keinen Anspruch mehr auf Lebensmittelkarten. Man hat gesehen, dass Berlin nicht ihr Hauptwohnungsort ist. Wie soll sie sich und ihr Kind ernähren? Tatjana erhält Fahrkarten und geht zu den völlig überfüllten Bahnhöfen. Als sie vom Schalter ihre Karten abholen will und deswegen das Kind ablegt, wird sie beschuldigt, das Kind ausgesetzt zu haben, man habe das genau gesehen. Es wird sich herausstellen, dass Kinder das letzte sind, das für Tatjana ein Problem ist, wenngleich auch sie nicht davon verschont bleiben wird, ungerecht zu sein.

Sie rafft ihr Kind und sonstigen Kram zusammen und setzt sich wissentlich in einen Zug für Soldaten und SS-Angehörige, für den sie keine Genehmigung hat, aber haben müsste. Der, weiß sie, kommt sicher an, 1944, in der Tschechoslowakei, in der nun eingegliederten Stadt Warnsdorf, einer Heimat, vor der sie sich fürchtet.

Tatjana Löwenherz.

Ihre Angst vor der unberechenbaren, mitunter despotischen Mutter ist, wie sich zeigt, gegenstandslos, denn die Mutter ist in den Enkelsohn schier vernarrt. Ihn trifft nicht mehr das eigene Leben. Der Enkel wird verschont und die Tatkraft der Oma und die weibliche Solidarität tun das Übrige.

Aber eine Lösung muss gefunden werden. Sie wartet schon.

Hatte der Herr aus dem Mandolinenclub vorher keine Chance gehabt, da zwanzig Jahre älter, und vielleicht nicht nur deswegen, sieht das nun anders aus.

Nachgewiesenermaßen tüchtig, er zieht selber zwei Söhne aus erster Ehe auf und hat daneben noch eine gut gehende Schuhmacherwerkstatt aufgebaut, plus Villengrundstück mit Haus, empfiehlt sich der Herr nun. Wie das mit flammender Zuneigung ausgehen kann, das hat die Mutter vorgeführt und es der Tochter lebenslang eingebleut.

Hier ist etwas Zuverlässiges. Ansehnlich, klug und sympathisch ist der Herr allemal. Es ist Krieg, Tatjana ist finanziell abhängig. Das wird sie immer wieder thematisieren und mich, die Schreiberin, ihre Tochter, zu Selbstständigkeit ermuntern.

Emanzipation, mit dem eigenen Leben erkauft.

Tatjana hat ein uneheliches Kind. Und sie ist der Inbegriff seiner Träume. Tatjana will Vertrauen haben, die Mama rät zu.

Seine kleinen Jungen sind froh, endlich ist wieder eine Mama da.

Und für den größeren der Jungen ist die nur zehn Jahre Ältere so etwas wie eine große Schwester. Bisher hatte die Funktion einer Ersatzmama ihre Tante inne, die aus dem bäuerlichen Elternhaus des Vaters in den Sudeten immer mal anreist. Dahin fahren die Jungen auch in den Ferien. Sie genießen das Landleben, die begnadete Landschaft, die kinderlosen Tanten und die Güte des Großvaters Gustav.

Tante Elsa, groß, voluminös, warm, tüchtig. An ihrem langen, blonden Zopf turnen die Kinder wie kleine Löwen am Fell der Mutter. Und sie flechten immer wieder das Mütterliche, Weibliche. Tante Elsa kocht und backt, Nusskuchen, Kleckselkuchen, Hefe- und Streuselkuchen, neben dem Mitgebrachten. Sie bringt das Haus auf Vordermann. Der Vater ist außerordentlich tüchtig und gewissenhaft, aber eine Tante Elsa wird ihr Leben lang unersetzbar sein; der Barlachsche Prototyp.

Solche bauen ein Haus, entbinden die Kuh und sticken ein feines Spitzentuch, mitten im Hurrikan und alles an einem Tag.

Abends singen sie vor.

Bevor sich ein kontinuierliches Familienleben entwickeln kann, kommt das Kriegsende.

Es erscheint jemand in der Villa, er kündigt die Internierung der Familie in einem Lager des Ortes an und dass man ein paar Kilo Gepäck mitnehmen könne. Niemand kann sagen, mein Vater selber hat es nie, wie er sich da gefühlt hat. Die Familie ist fast ein Jahr im Internierungslager »Die Eiche«, einem vormaligen Lager für Ostarbeiter, das die Nationalsozialisten eingerichtet hatten, nun für die Deutschen.

Und so geht das dann auch, wer sollte widersprechen?

Den Leuten tut niemand etwas, nur dass die Lebensleistung und die der Eltern weg ist. Letzteres vergibt der Mann nicht, denn seine alten Eltern in den Sudeten tragen keine Verantwortung.

Sie haben schon im Ersten Weltkrieg mehrere Söhne verloren. Für sich selber, so der heutige Schluss, muss er eine Verantwortung gesehen haben, denn er sagt nie ein böses Wort über die Tschechen, beschwert sich nicht. Wie die vielen anderen glaubt aber auch er lange Zeit nicht, dass dieses Kriegsergebnis Bestand haben wird.

Der jüngere der beiden Söhne aus erster Ehe ist verunglückt, er war ein Draufgänger und sein fürsorglicher, älterer Bruder konnte seinen Absturz von einem Kastanienbaum nicht verhindern.

Der Ältere wird mit ausreisen. Die Ausreise der Millionen Deutschen aus den ehemaligen Ostgebieten war ja von den Alliierten gut geplant worden. Ordentlich sollte es zugehen. Wer kontrolliert so etwas und wem ist woran gelegen?

Auch für den unehelichen Sohn der Tatjana wird überlegt. Seine Oma, Tatjanas Mama, würde ihn so gerne behalten, denn sie darf aufgrund ihrer zweiten Ehe mit einem tschechischen Staatsbürger in ihrem Häuschen in der Stadt bleiben. Ihre erste Ehe war endlich geschieden worden und Oma war frei. Ihr zweiter Mann ist wieder ein Deutscher, herzensgut und gebildet und er weiß mit Oma umzugehen. Olimaus wird, wenn sie ihre Touren kriegt, gegebenenfalls festgehalten, der Mann kann das; Tatjana konnte sich nicht wehren. Und Olimaus fügt sich, denn auf diesen Mann ist Verlass, in der Arbeit und in der Liebe, das weiß sie, und er liest französische Literatur im Original. Im Selbststudium hat er die Sprache gelernt, Werkmeister in einer Textilfabrik; eine Schwerpunktindustrie des wohlhabenden Städtchens.

Was wird dem Kleinen mit den strahlend blauen Augen auf der Reise zustoßen, werden ihn die Russen wegnehmen, wird er umkommen wie so viele »Ausgesiedelte«. Es ist eine dramatische Trennung. Im Internierungslager tut niemand der jungen Mutter und dem Kind etwas Böses, einer der Russen legt ihr eine Tube Butter auf das Bett des Kindes. Das erzählt Tatjana immer wieder.

Tatjana hat einen sehr slawischen Gesichtsschnitt, vom Vater aus der Steiermark.

Mit drei Jungen, denn inzwischen ist der erste gemeinsame Sohn geboren, und einer Nähmaschine Marke Pfaff reist die Familie aus und kommt nach Mecklenburg, nach Schwerin.

2. Kapitel
Nachkrieg in Mecklenburg

Da steht Tatjana Löwenherz, mit 23 Jahren. Was nun? Tausende Vertriebene sind da, Wohnungen keine. Überall sind Russen und Tatjana ist eine attraktive Frau.

Als gelerntem Schuhmacher wird dem Mann angeboten, in einer geschlossenen Siedlung kurz vor der Stadt, direkt für die Russen zu arbeiten. Sie trauen sich nicht und ziehen stattdessen ein paar Kilometer weiter, aufs Land, ins Niemandsland. Da gibt es zudem nicht so eine Unzahl an Männern, die ein Auge auf die junge Frau werfen könnten.

Am ehesten kann man in die Stadt laufen, ein schöner Weg, etwa zwölf Kilometer. Irgendwann gibt es ein Fahrrad, der Mann hat eins, viel später die Kinder. Die Frau braucht keins, sie ist mit Kindern und Haushalt ausgelastet, das bindet.

Tatjana ist soweit einverstanden. Sie will endlich etwas Eigenes, Harmonisches, in diesem Weltchaos. Für ihre Kinder will sie sorgen. Und was soll die Frau auch in der Stadt? Eigene Wege gehen, welche?

Der älteste Sohn kommt bald in die Lehre als Kfz.-Schlosser, ein paar Kilometer weiter. Und schon hat er Kinderkleidchen für das endlich mal eingetroffene Fräulein, die Schreiberin, organisiert; weiß mit rosa Blümchen drauf, sie hat es noch ihrer Puppe angezogen, und Geschirr, weiß, auch mit Blümchen, blauen.

Und das bleibt so bei.

Das neue Fräulein wird freudig begrüßt, nach insgesamt vier Jungen endlich mal ein Mädchen! Die Brüder laufen auf der Dorfstraße auf und ab und rufen »Wir haben ein Fräulein.« Auch das bleibt so bei, im Wesentlichen.

Die Armut ist nichts Ungewöhnliches, fast jeder ist arm, die vielen Flüchtlinge, die Vertriebenen in dem kleinen Ort, die übrig gebliebenen Knechte. Vielerlei Mundarten kursieren, Ostpreußisch, Pommersch und nun auch noch Sudetendeutsch, neben Mecklenburgisch, und ab und zu gibt es auch Hochdeutsch.

»Meine Ziege is lahm ant Been« wird in der Familie geflügeltes Wort, wenn ein Vieh nicht so will. In diesem Falle sollten die Ziege der Frau Wolfert und die der Tatjana ins nächstgelegene Dorf zum Ziegenbock gefahren werden, vier Kilometer weiter. Man braucht die Milch und das Fleisch der jungen Ziegen zur Ernährung. Ein Leiterwagen muss organisiert werden, ein Pferd und ein Kutscher. Mit der lahmen Ziege gehts aber nicht. Gelaufen wäre unsere Madame sowieso nicht, »Ziegenpuppi« erfüllte alle Merkmale der störrischen Ziege. Geschoben und gezogen hätte sie werden müssen. Außer, sie sah von oben das Zuhause. In so einem Falle rannte die Ziege vorne weg und war mit nichts zu bremsen.

Frau Wolfert, mit ihrem Sohn auf dem gegenüber liegenden Bauernhof einquartiert, ist eine von den tausenden starken Frauen, stellvertretend für die »einfachen Leute«, deren Leben alles andere als einfach ist und die mit ihrer unbezwingbaren Lebenskraft den wurzellosen Sohn stützen, den vermissten Vater und Mann ersetzen, unzumutbare Zustände ertragen und damit die Kommune zum Laufen bringen. Und davon gibt es eine Menge in dem Winzigdorf. So viele Medaillen gibt es gar nicht. Sie haben keine Zeit für Goethe und zum Pläne machen gibt es keinerlei Grundlage; den nächsten Tag, den Sommer, den Winter überstehen, das ist es. Goethes Rat: »Ein Blick ins Buch und zwei ins Leben« geht ins Leere, sie müssen alle Blicke ins Leben richten und wer überhaupt hat schon Bücher?

Ein paar verbliebenen Großbauern geht es besser. Und auch hier entfaltet sich das Spektrum der Menschlichkeit: Ein Bauer muss in den Westen flüchten, weil er von seinen Produkten so viel an die armen Familien abgegeben hat, dass er das Ablieferungssoll nicht erfüllen kann.

Der Staat will Schwarzhandel verhindern und seine Leute versorgen. Auch die anderen Großbauern haben eine Einquartierung. Die einen missbrauchen die jungen Frauen, die auf ihrem Hof helfen, die anderen nutzen die Jungen der Flüchtlinge aus. Einer jagt meinen Bruder mit Hunden vom Hof, als der seinen Lohn verlangt. Als dieser Bauer an Wassersucht stirbt, gibt es keine »Bauern und Büdner mit Feiergesicht«, die ihn zu Grabe trügen, nur ein Gräßlicher ist tot. Es ist der Junge mit den strahlend blauen Augen, der schon ganz früh gerne bei Bauern ist. Aber ohne richtigen Vater ist er auch, denn selbst ihm fällt auf, dass er bei Unstimmigkeiten immer beschuldigt wird, und er fragt seine Mutter. Sie bemäntelt. Die Wahrheit sagt sie ihm erst, als er schon erwachsen ist.

Und dabei hätte er, wenn er sich das hätte leisten können, ohne Bezahlung gearbeitet; er geht zu den Bauern und fragt, ob er mal im Stall helfen kann. Er geht einfach hin, schon sind Feld und Vieh und er eins. Und das bleibt so. Er ist es auch, der einen Bauern bei dessen seltenen Urlaub vertritt. Weil er das gut macht, darf er sich zum Lohn ein Lamm aussuchen. Es ist ein kleines Merinoschaf, das den ganzen Weg von dem Ausbauern nach Hause jämmerlich blökt, es will nicht weg von seiner Mutter. Die Schwester, das Fräulein, hilft schieben und ziehen. Das kleine Schaf sieht im Stall die Ziege, stürmt auf sie zu und ein unzertrennliches Duo ist geboren.

»Schäppi« rennt auch als ausgewachsenes Schaf hinter der Ziege her. Beide bescheren der Familie Milch, Fleisch und Wolle, und Tatjana Zuwendung, viele Jahre. Gerne holen wir für die zwei Stroh und tragen die großen Ballen auf dem Rücken zum Stall.

Tatjana kommt vom Unkraut Stechen eiskalt nach Hause, das Fräulein, immer warm wie ein Backofen, wärmt das Bett vor. Auch dafür, für die Matratzen, muss viele Jahre Stroh geholt werden. Die Neufüllung im Frühjahr ist fast so etwas wie den Winter austreiben. Und das muss man auch können, eine gute Strohmatratze stopfen. Ein echter Backofen steht auch auf dem Gelände des oberhalb liegenden Bauerngehöftes, leider wird er nicht mehr benutzt.

Das Fräulein steht sinnend davor, mehr sehend als nur die Tatsache, dass das ein Backofen ist. Er strömt das Gefühl sichernder Fürsorge aus.

Sie erkennt dieses Gefühl wieder, wenn sie später die Familienidyllen der Maler Richter und Runge sieht, Goethes und Schillers Idyllen liest. Aber da weiß sie dann schon, dass so ein Lebensentwurf oft ein Trugschluss ist oder zum Mindesten ständig verteidigt werden muss.

Es gibt auch imponierende Großbauern, Leute vom Fach. Der eine hat Landwirtschaft studiert, sein Diplom hängt in der Stube, der andere züchtet Herdbuchrinder. Die Gemarkungen sind z. T. seit mehreren Generationen in Familienbesitz. Die Bauern haben ihre Gehöfte in das Zentrum der Felder gesetzt, sie sind die »Ausbauern«.

Hier heraus zu laufen, bedeutet die Landschaft in dich aufnehmen. Meistens ist es mittags, wenn du deine Schulfreundinnen besuchen gehst.

Die Sandwege sind von der Sonne gewärmt und angeleuchtet, für dich vorbereitet, scheint es. Es sind Wege, die nicht in die Landschaft hineingestochen sind, mit Asphalt den Boden unnatürlich zerteilend, eine Seite von der anderen isolierend. Sie sind einfach ein Stück verbreiterter Boden, wie eine Fingerspur. An den unregelmäßigen Wegrändern siehst du Gräser, Blüten und wundersame Pflanzen wie Disteln, Königskerze und Mohn. Für das Rot des Mohns und das Blau der Kornblumen kannst du deine Augen nicht weit genug aufmachen, sie schaffen es nicht alleine, durch alle Poren geht diese Intensität. Du brauchst später keinen Malewitsch, um Farbwirkungen aufzuzeigen. Glaubhaft erscheint dir, dass die Sonne die rote Farbe des Mohnes in deine Tränen brennen und dass man damit Ostereier anmalen kann. Tatjana liest vor, Falladas Murkelei, Friedrich Wolffs Märchen. Pit Pinkus und die Möwe Leila werden dir als Erwachsene begegnen, jetzt längst toleriert, es gibt doch Fortschritt.

Deine Büsche sind das da, keine Kahlheit macht dir den Weg zum Feind. Du siehst, wie die zart grünen Milchhaselnüsse zu den braun-hell gemaserten Kugeln werden, zuerst fest umschlossen von den dicken, grünen Kelchblättern, die zur Reife hin immer trockener und dünner werden, sich schließlich ablösen, bis die Nuss herausfällt. Die Unterbrechungen in den Hecken zeigen deinem Blick wogendes Korn, oder gelbbraune Stoppelfelder oder Hocken, die du aus Garben noch selbst zusammensetzen wirst, oder gelbschäumende Rapsfelder. Du siehst die Königin der Felder, die Sonnenblumen, andere Früchte, Rüben,Kohl und Kartoffeln, und alles hat eine Botschaft:

Kleines Mädchen, wir bringen dir Leben.

Du bist in der weiten Landschaft nicht einsam, sondern aufgehoben und damit du das auch noch hörst, singt meistens eine Lerche, so hoch am blauen Himmel, dass du dich anstrengen musst, sie zu entdecken. Du findest sie, immer.

Weest noch, wa still dat wer, Jehann?
Dar rör keen Blatt an Bom.
So is dat nu ni mehr, Jehann,
as höchstens noch im Drom.
Och ne,wenn do de Scheper sung,
Alleen int wide Feld:
Ni wahr, Jehann? Dat wer en Ton !
De eenzige op de Welt.

Klaus Groth

Die Aussiedler aus Russland, und diese sind wirklich ausgesiedelt, mit denen das Mädchen viele Jahre später zu tun hat, sagen von einem Getreidefeld »Da wächst das Brot«.

Ab und zu gibt es ein heftiges Gewitter. Du kennst die Anzeichen, aber weder Wind, noch Donner noch Blitz schrecken dich, du läufst unter dem riesigen, hohen, schwarzen Himmel durch.

Zuhause und draußen ist ja dasselbe. Das Schauspiel ist faszinierend.

Auf den durchweichten Wegen lassen sich Dämme bauen. Du schaust genau hin, selbstvergessen, siehst jedes Sandkorn, die kleinen Rinnen, die Schwemmstellen, die ovalen Formen, die deine gelenkten Rinnsale machen.

Du beobachtest, wie in dem zwei Zentimeter hohen Wasser die Sandkörnchen langsam nach unten sinken. Trübes Wässerchen, klares Wasser und alles dazwischen, nichts entgeht dir, denn zwischen deinem Blick und dem Boden ist nichts. Noch heute siehst du diese Bilder. Es macht klar, was einen Miniaturmaler fasziniert, einen Künstler überhaupt, aber auch, was einen Naturwissenschaftler antreibt, das Genaue, das Einzelne, das Einzelne im Ganzen, die Einheit von Abstrakt und Konkret, die Schönheit von diesem allen.

Wenn deine Kleidung verschmutzt, schimpft die Mutter nicht, es heißt nie »mach dich nicht dreckig«.

Wasser gibt es auf dem Gehöft nicht, einer Knechtskate einfachster Machart, es muss zweihundert Meter vom Dorf geholt werden. Kleidung und Wäsche gibt es auch nicht genug. Wenn das Brot alle ist, heißt es »Du musst warten, bis die Pferde kommen«.

Das ist der Brotwagen, ein Planwagen, unvorstellbaren Duft verbreitend. Und manchmal musste auf ihn gewartet werden. Wasser holen ist ein Amt, das vom Älteren zum Jüngeren übergeht. Zwei Wassereimer stehen auf einer Bank in der Küche, mit Deckeln geschützt.

Das wäre die Aufgabe des Vaters, wie auch das Wasser holen aus dem näher gelegenen Teich, dessen Quellwasser zu Winterszeiten gut zum Wäschewaschen genommen werden kann. Er ist der kräftigste, aber Haushalt, Kinder, das ist Frauensache, jetzt, wo eine Frau da ist. Ebenso wie Heizen, Kochen, Einkaufen, Wäschewaschen auf dem Rumpelbrett und die kein Ende nehmenden Aufgaben zwischendrin. Der Mann macht seine Schuhmacherei, in der kaum etwas zu tun ist. Die Dorfleute haben keine Schuhe und kein Geld. Hauptsächlich tragen sie die praktischen Holzpantinen. Wenn es ihm gelingt, von seinen Schwestern, den Tanten, die mit seinen Eltern in Miltenberg im Odenwald gelandet sind, Material zu bekommen, dann zeigt der Mann, kann er zeigen, was er wirklich kann, nämlich allen mecklenburgischen Wettern trotzende, passgenaue Stiefel anfertigen.

Die Großbauern und andere sind verblüfft; sie haben weder eine Ahnung, welchen erarbeiteten Besitz die so armen Vertriebenen entschädigungslos zurück gelassen noch welche Fähigkeiten sie haben. Vielfach bedauern sie ihre Ahnungslosigkeit auch nicht.

Dem Mann ist deshalb auch schnell klar, dass es auf diesem Dorf keine Perspektive gibt. Nur wohin, welche Perspektive gibt es überhaupt? Zu Hause kannst du in Anlehnung oder Ablehnung dessen, was deine Eltern und Vorfahren gemacht haben, handeln. Deine Umgebung, die Tradition und andere normierende Faktoren bieten Reflektion und zwischen dem allen entscheidest du..

Wonach richtest du dich in der Wurzellosigkeit, in der Fremde; Kummer, Wut und Trauer im Bauch, eingewickelt in Hunger? Du bist sprachlos und überdies, wer wäre dein Ansprechpartner?

Das ist auch die Zeit für Schutzengel. Und klar ist auch, dass »Der Amerikaner« diesen Zustand nicht zulassen und in Deutschland einmarschieren oder wer weiß was unternehmen wird. In diesem Punkt sind sich die drei bis vier Vertriebenen einig, die sich regelmäßig in der kleinen Schusterwerkstatt versammeln. Sie hören die Nachrichten in dem Volksempfänger, um den entscheidenden Zeitpunkt nicht zu verpassen.

Dafür verpasst ihn der Mann. Blind für die maßlose Überforderung der Frau, für ihre wachsende Enttäuschung und paralysiert von der Enteignung und der Demütigung der Vertreibung, merkt er nicht, dass sie sich nicht nur aus Angst vor noch mehr Schwangerschaften zurück zieht, eine weitere Frustration, sondern dass er die Chance, aus der Not eine um so festere Lebensgemeinschaft zu formen, vergibt. Hätten sie, vielzitiert, zu einem richtigen Leben im falschen finden können und wie grenzt man das ab?

Tatjana bleibt nichts übrig als einkaufen zu gehen, zu kochen, zu backen, zu nähen, nachts, darüber gibt es kein Besinnen, sie will ihre Kinder durchbringen, sie ist einsam aufgewachsen. Ihre Kinder bezeichnet sie stets als ihr Glück und dass es sich dafür gelohnt habe.

Für den Mann hätte es des Beschlusses bedurft, alles mit seiner jungen Frau zu teilen, dieses Leben gestaltend als das unausweichlich neue, jetzige anzunehmen, ungeachtet aller Zukunftswünsche, so ungestaltet und planlos es auch ist. Er zieht sich in den Kokon Werkstatt zurück, der Berufsstolz des Mannes, hier so stark verwundet, ist in Milligramm immer noch wichtiger als der simple Familienalltag, zentnerweise Tatjana vorbehalten. Er beobachtet den Briefträger, wie lange Tatjana einkaufen war, böse Energie, unter der er leidet und alles andere leiden macht. Und was sie in der gruftartigen Küche macht, am offenen Herd mit Holz und Kohle kochend, im Winter im dicken Mantel, das wissen zu müssen ist Not.

Sie gibt die Not zurück, sowieso immer totmüde, verweigert sie sich. Die Abwärtsspirale nimmt Fahrt auf.

Einen großen Garten gibt es, er wird nicht richtig bewirtschaftet und gegen die Hühner abgedichtet, halbe Ernte, halbe Sachen; das Leben ist bestenfalls dasselbe.

Sie bemühen sich und es gibt auch schöne Momente, schließlich haben beide auch Humor, Geist und Lebenslust. Der Mann spielt zu Weihnachten sogar Geige, auch das kann er. Not, krankhafte Eifersucht, die so oft fehlende Sensibilität, die übergroße Belastung und eine gnadenlose Hilflosigkeit nagen, feilen und rütteln schließlich an dieser Ehe. Wenn man Hunderte Male einen Schlussstrich ziehen will, dann ist es irgendwann auch einer, plötzlich für den Mann und doch jahrelang angekündigt.

Wem kann sich Tatjana anvertrauen, da ist niemand. Auch der Mann hat dafür niemanden. Sie haben Familie, Besitz und Heimat verloren und kämpfen auf einer Insel. Dieses Inselgefühl sollte das Fräulein später auch kennen lernen. Sie versteht ihre Eltern und weiß, dass alle Migranten auf diese oder jene Art dieses Gefühl teilen.

Heimatvertriebener ist ein schreckliches Wort, noch schrecklicher die dahinter stehende Wahrheit.

Für kurze Zeit zieht ein befreundetes Ehepaar aus der Heimat in das Winzigdorf, Tatjana freut sich riesig. Der tödliche Unfall des Mannes macht den ständigen Eifersuchtsattacken seinethalben ebenso ein Ende wie dem Zusammensein; die Witwe zieht weg. Wieder Einsamkeit, keine umgebende stützende Familie, diese ist in alle Winde zerstreut, keine Freunde.

Das Angebot zu dem soundsovielten Neuanfang ist ehrlich, der Mann liebt seine Frau. Eine völlig übermüdete Frau aus dem Schlafe zu wecken und zu verlangen, sie möge gestehen, was sie da eben geträumt habe, sie habe doch Namen genannt, eine Tage andauernde Kälte und Härte, die auch auf etlichen Fotos zu sehen ist, das macht Schlimmeres als die morgendlichen Eisblumen auf dem kleinen Küchenfenster, die wunderschöne Muster haben. Beider Lebensmuster zerfällt.

Sie sammelt wie so viele Frauen Brennnesseln für Spinat, gibt ihre Schmalzbrote, die auf einer blauen Glasplatte mit geschweiftem Muster liegen, am Abend den noch hungrigen Kindern, ebenso die Bratkartoffeln, sie hat ja nie Hunger. Der Mann ist bescheiden und ist mit allem Essen einverstanden, das Tatjana kocht. Sein Spruch »Der Hunger treibt's rein« ist nur spaßhaft. Hunger ist allerdings da, zu oft auch »Hoffmanns Hunger«: Hunger nach Leben, Hunger nach Glück.

Die Kinder klauen, wenns geht, manchmal Feldfrüchte, wie alle, mehr nicht. Tatjana ist spindeldürr, aber eine Schwangerschaft kann man weitgehend mit Tomaten bestreiten. Auch nach Fehl- und Totgeburten gelingt das noch.

Wenn die Kinder im Bett sind, näht sie, in der Weihnachtszeit bäckt sie. Und muss man spät noch mal auf den Pinkeleimer, kriegt man ein Plätzchen, mit selbst gemachter Hagebuttenmarmelade. Der Mann hatte ihr anfangs abends vorgelesen, Feuchtwanger. Das Buch ist geblieben. Nun hätte die Welt der versteckten Kostbarkeiten aufgemacht werden soll, vielleicht eine übermenschliche Erwartung.

Wie viele Existenzzusammenbrüche kann einer ertragen, der Mann hatte schon so unendlich viel geleistet, wenn er auch nicht klagte.

Zu Weihnachten und Festzeiten werden die Holzdielen geschrubbt, Fichtenholzdielen, nichts drunter und da, wo die abgesenkten Dielen eine Lücke machen, so dass die schönen Glasmurmeln weg sind, ist der Teufel. Die Eckmauern reißen regelmäßig auf und der Wind pfeift durch die Mauerritzen, weil das Feldsteinfundament unstabil ist und bleibt.

Für so etwas wie strahlende Glasmurmeln mit gewundenen Mustern im Innern oder ölig schimmernden Oberflächen haben besonders die Verwandten aus dem Allgäu einen Sinn. Dorthin waren sie Anfang der 50er Jahre gezogen. Diese Verwandten sind der vielgescholtene Vater der Tatjana und dessen zweite Ehefrau. Auch er hatte wieder geheiratet, eine herzensgute und ebenso tüchtige Person, von allen Tante Emmy genannt. Tante Emmy hatte vor der Aussiedlung ein gut gehendes, international arbeitendes Geschäft aufgebaut. Jetzt arbeiten sie in der von den Gablonzern wieder aufgebauten Schmuckindustrie in Neu Gablonz und schicken regelmäßig herrlichen Modeschmuck. Tante Emmys Bruder ist erneut im internationalen Schmuckhandel tätig. Noch zu Zeiten der Schwiegertöchter bleibt das so bei. Es kommen ganze Kollektionen. Die Schulkameradinnen aus der Dorfschulzeit werden das nun erwachsene Fräulein nach 55 Jahren daran erinnern, wie sie zu ihren Geburtstagen mit Schmuck und Stoffen Prinzessin gespielt haben. Sie haben sogar Fotos aus dieser Zeit mitgebracht, Fotos, unten in den Wiesen aufgenommen. Und alle haben stets etwas abbekommen.

Die Kinder kommen in das wochenendliche Holzwaschfass. Mit dem Wasser wird anschließend der Zementfußboden in der Küche geschrubbt; die Risse darin markieren Abteilungen. Die eine Abteilung geht längs des Holzdeckels vom Kellerloch, da stehen die Schuhe aufgereiht. Schuhe putzen ist auch eine Arbeit, die reihum geht. Das Fräulein macht das gerne; etwas in Ordnung bringen.

Und auch das bleibt so bei. Der überlegte und möglichst sparsame Umgang mit Wasser bleibt erhalten; das Fräulein lässt sich später den Abwasserschlauch von der Waschmaschine in die Wanne legen und benutzt das Abwasser.

Wasser ist edel, es ist flüssiges Kristall, sie sieht das doch, aus der Pumpe, aus den Quellen, in den glitzernden Wassertropfen des Regens.

Es gibt einen schönen Weihnachtsbaum mit weißen Kerzen und ein Festessen. Die Mutter backt wunderbare Buttercremetorte, Schokoladentorte und Hefekuchen.

Auch der ganz große Bruder kommt, lustig und seiner Familie zugewandt. Er hat stets etwas dabei, eine Sensation, Puppengeschirr oder Motorrad fahren beispielsweise. Der Vater, auch immer für einen Spaß zu haben, versucht es und kann das Teil nicht bremsen. Erst der hofansässige Misthaufen beendet das Unternehmen glimpflich.

Die Kinder müssen ins Bett gehen und werden zu Mitternacht gerufen, ehrfürchtiges und beglücktes Staunen, der Anblick des in weiß strahlenden Baumes, Kerzen, Schokoladenbaumbehang und glitzernder Schmuck von den Tanten Elsa und Paula aus Miltenberg, den Schwestern des Vaters.

Eine aufziehbare Spieluhr gibt es, Zwergenfiguren als Weihnachtsmusikanten und Kerzenständer aus Plastik mit ebensolchen Figuren, hochwertig im Design und im Material, vom Opa und Tante Emmy aus Kaufbeuren. Die Familie singt Lieder, es gibt traditionell Kartoffelsalat und Würstchen, in späteren Jahren ohne noch mal schlafen zu gehen. Die Bescherung ist ebenso großartig, denn neben der Mühe der Eltern haben die Verwandten von allen Seiten beigetragen. Holzspielzeug, Holzbauernhöfe mit allen dazugehörigen Figuren, Puppenstuben vom großen Bruder inklusive Einrichtung, und auch eine Puppenwiege. Ich rieche noch heute die Lackfarben und fühle die immer leicht kühle, glatte Oberfläche der Figuren.

Oma aus Tschechien schickt selbst gemachtes Powidl: fest gekochtes Pflaumenmus, das du schneiden kannst, unvergleichlich köstlich.

Sie schickt Gummiüberziehschuhe gegen den mecklenburgischen Matsch, Kakaobonbons und Kekse und diverses Spielzeug. Oma ist jähzornig, aber gutherzig, die häufige Kombination. Ungemein schlagfertig und ein gerüttelt Maß furchtlos ist Oma ebenfalls, vererbt unter den Frauen. Als sie im Krieg von einem deutschen Nachbarn denunziert wird, sie würde in ihrem Garten, anstatt

Gemüse zur Versorgung des deutschen Volkskörpers anzubauen, Hühner frei herumlaufen lassen, und dies gehöre verboten, schleudert sie den Wachmännern entgegen, dass es verboten sein müsse, statt zu arbeiten Karten zu spielen. Und dass sie sich als Arbeiterin, sie ist Samtschneiderin, nicht den Mund verbieten lasse.

Man solle doch eher »bleede daherredenden Männern die Goschen zunähen«, der ortseigene, Warnsdorfer Dialekt. So frech, dass den Ortspolizisten nichts mehr einfällt und Oma, triumphierend ihren beweglichen Hintern schwenkend, abzieht. Ihre Abschlussbemerkung : »Duchten (Kerzendochte) sein keine Lichter und Arschlöcher keine Gesichter!« ist einer ihrer Sprüche, prägend.

Nichts passiert ihr. Dergleichen Stückchen gibt es mehrere. Oma, die nicht geschieden wird, obgleich jahrelang von ihrem Mann getrennt lebend, er hat die jugoslawische Staatsangehörigkeit, kann nicht wieder heiraten, es wimmelt von Bewerbern. Kann man die Männer einfach so ins Häuschen lassen, in einer Kleinstadt, wo jeder Oma kennt und deren Mutter, die Hebamme?

Stadtbekannt ist diese Hebamme, die der halben Bevölkerung ins Leben geholfen hat, nachts auf dem Fahrrad durch die Gassen fahrend.

Oma ist jung, Anfang zwanzig, und will mehr vom Leben als Samt schneiden. Und sie muss arbeiten und Tatjana wächst die ersten Lebensjahre bei den Großeltern auf, gut versorgt, doch nicht gut. Die wenigen Informationen lassen vermuten, dass es unangebrachte Erfahrungen gab. Sie ist es auch, die ihre geliebte Großmutter erhängt findet, die blaue Zunge herausgestreckt. Außerdem hatte die Großmutter die Schüttellähmung. Den Begriff Parkinsonsche Krankheit habe ich erst im Erwachsenenalter gehört.

Tatjana versteht das Ende, sagt sie, erzählt sie aber nicht.

Tatjana ist stolz auf die Fähigkeiten ihrer Mutter und diese stellt sich wiederholt schützend vor sie. So hat sie auch eine richtige Mutter, das gleicht vieles wieder aus, kann aber nicht verhindern, dass Tatjana ihr Leben lang mit der Vergangenheit hadert. Es gibt eben auch die Sache mit den Müttern. Gibt es aber einen Vergleich zur alten Heimat im Spaßhaften, so heißt es »Nee, suwos hots ei Warnsdorf ne gegahn«, mit dem typischen, gerollten R. Und völlig fassungslos schaut der Bauer, als mein Vater die selbstgemachten Stiefel kommentiert: »Nass nei, nee!«, soll heißen, die Stiefel sind garantiert wasserdicht. Hat sich jemand »dünne gemacht«, ja sogar im Todesfall kann ein echter Warnsdorfer singen »Wolln mer ocke froh sein, dass mers Luder los sein!« Sehr beliebt konnte die betreffende Person wohl nicht gewesen sein.

Auch Tatjana kann loslegen, aber sie hat viel von der unaufgeregteren Gemütsart ihrer Großmutter, und diese Aufteilung wird sich in der weiblichen Kinder- und Enkelgeneration wiederholen. Ihre Tochter, das Fräulein, schlägt sowohl nach der Oma, Tatjanas Mutter, als auch nach ihrer Uroma, und die älteste Tochter des Fräuleins nach der Ururgroßutter, die jüngere nach ihrer eigenen Mutter, dem Fräulein, eine Kombination von beiden Veranlagungen. Der Jähzorn hat sich glücklicherweise nicht vererbt.

Sie werden gemeinsam haben, nie aufzugeben.

Die Hebamme hatte ihre Aufgabe auf Erden erfüllt. Sie konnte nichts mehr ausrichten. Selbstmord galt damals noch als strenge Sünde. Dass sie, die strenggläubige Hebamme, dem Leben verpflichtet, dennoch zu diesem Schritt gegriffen hat, setzt voraus, dass ihr das Weiterleben sinnlos und unmöglich erschienen sein muss. Sie, die unseren leiblichen Beginn so oft begleitet hat, hatte wohl auch eine klare Vorstellung davon, wann seine Weiterexistenz überflüssig ist, vielleicht sogar unwürdig und dass die Entscheidung darüber für sich selber ein Akt der Autonomie ist. Tatjana, die das schwierige Leben ihrer gütigen Großmutter als Kind genau beobachtet, aber nur sehr andeutungsweise davon erzählt hat, verstand das. In Frieden mit ihrem Gott hat meine Urgroßmutter die zu eng gewordene, untaugliche Hülle abgeworfen. Für sie muss ihr Selbstmord so eine Art Umzug zu Gott gewesen sein. Auch ihr Gebetbuch ist erhalten. Es steht in meiner Vitrine, der Einband aus schwarzem Samt mit Elfenbeinschnitzereien darauf.

Die »ausgesiedelten« Schwestern des Mannes von Tatjana, Tante Elsa und Tante Paula, und die Eltern des Mannes haben sich im vorerwähnten Miltenberg, einem Kleinstädtchen im Odenwald, niedergelassen. Was mögen die alten Eltern, meine Großeltern, bloß gefühlt und gedacht haben, als sie ihre angestammte Heimat und ihr schwer erarbeitetes Lebenswerk verlassen mussten? Jetzt, wo ich, das Fräulein, selber schon älter bin, fällt mir das viel mehr auf und viel mehr in die Seele als in jüngeren Jahren. Es wurde darüber zu Hause auch kaum gesprochen. Julie, du musst aufstehen, zitierte Tatjana ihren Schwiegervater, wenn der morgens um fünf Uhr seine Frau weckte, weil diese die Kühe melken musste, sonntags wie alltags. Kurz nach der »Aussiedlung« hat sich der Großvater erkältet und stirbt an einer Lungenentzündung. Die zwei tatkräftigen Schwestern, der angeheiratete Onkel, die Inkarnation von Energie und Durchsetzungswillen, und die schon alte Mutter begründen einen neuen Haushalt und knüpfen da an, wo sie in den Sudeten aufgehört haben, wie die meisten Sudetendeutschen, die Gablonzer und alle anderen. Ihr Glück ist, dass sie in großen Gruppen zusammen sind. Tatjana und ihr Mann sind in dem kleinen Kaff alleine. Wären sie in der Bezirkshauptstadt geblieben, wäre zum Mindesten das anders gewesen.

»Die Miltenberger« kaufen Stoffe, Kurzwaren etc., und der Onkel fährt mit dem Fahrrad über Land,wie schon seinerzeit in der Heimat. Auch mal nach München über die Autobahn, wenn es sein muss. Der Polizei erklärt er, dass das eben nicht anders ginge.

Die Kundschaft weiß den kompetenten und freundlichen Händler bald zu schätzen, es entwickelt sich eine Stammkundschaft und ein immer größerer Kundenkreis. Ein Auto wird angeschafft. Schließlich wagen sie es; mit Hilfe des Geldes aus dem Lastenausgleich und einem Kredit bauen sie ein Haus und eröffnen ein Textilgeschäft. Das Fräulein besucht mit ihrem Vater dieses Geschäft kurz vor dem Mauerbau, der Duft in diesem Laden ist unvergleichlich und würde jederzeit wiedererkannt. Die Familie teilt sich die Arbeit. Besitzer sind eine Schwester, Tante Paula, und ihr Mann. Tante Elsa, die schon zu Hause, in den Sudeten, für Hof und Eltern gesorgt hatte, der verbliebene Sohn wollte die »Bauerrei« nicht übernehmen, sondern Schuhmacher werden, sorgt auch jetzt wieder für Geschäft, den Haushalt, die alte Mutter, den Garten etc., etc. und nicht zuletzt für uns in unserem kleinen Dorf in Mecklenburg. Und das bleibt so bei bis sie sterben. Tante Elsa pflegt zuerst die kranke, alte Mutter bis zu deren Tod mit fast einhundert Jahren, dann ihre krebskranke Schwester Paula, meine Patentante, dann deren verbliebenen Mann, Onkel Herrmann, der sie alle überlebt. Tante Elsa wird mit 88 Jahren sterben. Sie erklärt mir, dass sie nun, da sie krank und nahezu bewegungsunfähig ist, ja nichts mehr ausrichten könne und daher ruhig sterben wolle. Den Schwestern im Pflegeheim wolle sie nicht zur Last fallen. Beide Schwestern sind sehr große und kräftige Frauen. Lebenslang gläubig schafft sie das in aller Seelenruhe in des Wortes ureigener Bedeutung innerhalb einer Woche.

Tante Elsa ist am Kapital nicht beteiligt und auch nicht rentenversichert. Der einzige Neffe und seine Frau, die später das Geschäft übernehmen und mit ebenfalls harter Arbeit zu weiterer Blüte bringen, werden das wieder gerade richten.

Beide Schwestern, kinderlos, versorgen ihren Bruder und dessen große Familie lebenserhaltend, nicht nur, weil er ihnen seinen Teil am Lastenausgleich zur Existenzgründung überlassen hatte; es war nicht so viel. Der Lastenausgleich ersetzt nicht den verlorenen Besitz, sondern nur den bis dato entgangenen Zugewinn aus seiner Nutzung. Sie machen uns vor, was das ist, Familienzusammenhalt.

So wie auch die anderen Verwandten.

Sich nicht beugen.

Die ersten Päckchen bestehen aus einem Kilo Rindertalg, das in graues Leinen eingenäht ist, blaue Kopierstiftaufschrift.

So bleibt es bei. Dann kommen ganze Ladungen mit Margarine, Butter, Kokosfett, Speck, Olivenöl, dieses in wunderschön bemalten Blechkanistern, Kakao, Schokolade, Rosinen, Kaffee, Mandeln und Nüssen, Kokosflocken, Bananen und Apfelsinen, echte Mandarinen. Sarotti und Trumpf, Stollwerk, Linde und andere Marken stehen für süßen Hochgenuss, alles vom Feinsten.

Wir im Wunderland. Das neue Fräulein kann das noch nicht aussprechen und so sind das Lade und Bosinen, die da in den duftenden Paketen sind. Tatjana kann gut backen. Es gibt Haferflocken- und Kokosflockenkekse mit Kakao, Kokosflockenkuchen und Hefekuchen mit Butter gebacken. Die Dorfkinder dürfen teilhaben. Sie freuen sich schon immer darauf, auch wenn Kindergeburtstag ist. Tatjana gibt allen. Bei ihr darf man die Schokolade auf einmal aufessen. Auch daran erinnern sich meine Dorfkameradinnen nach 55 Jahren.

Dann kommen Kleidung, Bettwäsche und Stoffe. Und zwischendurch kommen einige Pakete von ganz unfassbar woher, aus Skandinavien. Wir Kinder wissen nicht, wo das ist. Es kommen Milchpulver und Kinderkleidung. Ich vergesse nie den ersten Teddymantel meines Lebens. Ich vergesse nie, dass jemand Unbekannter für mich Kind im gerade noch Feindesland etwas geschickt hat.

Die Tanten, schummeln manches Stück nach Mecklenburg, hinter dem Rücken des Geschäftsführers Onkel

Herrmann. Es kommen komplette Ausstattungen, Mantel, Pullover, passende Strümpfe und Mützen, Handschuhe und Taschentücher, Unterwäsche, alles aufs Liebevollste verpackt, beste Qualität. Seidenpapier und Wohlgeruch, das Auspacken der Pakete ist ein Fest.

Da haben die Miltenberger es schon geschafft, bis dahin kämpfen sie ums Überleben und jede Brombeere muss im Wald gesammelt und eingeweckt werden. Manchmal sind selbst sie kurz vor dem Aufgeben, aber eben nur davor.

Auch der inzwischen im Allgäu lebende Vater von Tatjana und seine zweite Frau, Tante Emmy, sie führen, ebenfalls unfreiwillig, eine kinderlose, aber glückliche Ehe, unterstützen den kinderreichen Haushalt in dem kleinen Dorf, und nicht nur den. Hier ist ein weiterer Junge dazugekommen.

Auch sie verzichten auf Vieles wegen der Tochter und ihrer Not. Nicht alles kann geschickt werden, es gibt doch Engpässe. Und wir wachsen ja so schnell. Auch hier kann vermutet werden, dass der Vater von Tatjana einiges gut machen wollte, unterstützt von seiner großherzigen Frau, Tante Emmy, auch für sie waren wir ihre Kinder.

Zu Weihnachten duftet und strahlt das Haus, Zuckerkringel, schillernde Glaskugeln, in glänzendes Staniol eingewickelte Schokoladefiguren, Engelshaar und Lametta, von den Tanten und aus Kaufbeuren, spiegeln sich in dem warmen Glanz frisch gebohnerter, heller Tannenholzdielen. Wunderkerzen sind genau das.

Jedes Teil deiner Umgebung ist für sich schön. Wenn du morgens aufstehst und den Fuß auf die sauberen Holzdielen setzt, spürst du das. Frieden.

Der Weihnachtsbaum steht an derselben Stelle und die Geschenke liegen darunter. Jeder hat einen gut gefüllten Weihnachtsteller. Du hast noch den Blick der Schnecke; langsam wandert er von Gegenstand zu Gegenstand, die Stube ist ein Universum und dir entgeht nichts.

Augenblicke reinen Glücks.

Tatjana näht. Auch für sich. Perlon wird modern. Tatjana näht sich aus himmelblauem Perlon mit aufgeflockten, weißen Sternen ein duftiges Kleid. Trotz der Schwangerschaften und des aufreibenden Lebens ist sie eine sehr hübsche Frau, mit schmaler Taille. In dem Kleid sieht sie wunderschön aus. Es hat einen Carreeausschnitt, die kurzen Ärmel sind oben geschlitzt. Ihr Mann ist entrüstet und fragt, ob sie so gehen wolle, zum Dorftanz. Und das bleibt so bei.

Beide Eltern halten auf ihre Kinder. Sie wollen, dass sie eine gute Schulausbildung bekommen.

Der Große, von eh und je von der Technik fasziniert, studiert in Chemnitz Maschinenbau und erwirbt ein Diplom als Maschinenbauingenieur.

Kommt er nach Hause, hat das Fräulein aus der dorfeigenen Kiesgrube das Innenleben alter Radios heimgebracht, das sie wegen der blanken Messing- und Kupferwicklungen, nach Ölpapier stinkend, fasziniert. Und was Radioröhren sind, braucht man ihr nicht zu erklären, nur, wie das Orchester in das kleine Radio kommt, ist auch ihr unklar. Und der Kram darf nur ausgehändigt werden, wenn sie dabei ist, denn sie will ja sehen, wie sich ihr Bruder freut. Und er freut sich, auch wenn er das Zeug nicht gebrauchen kann. Ein Leben lang sagt er zu ihr : so richtig schlecht siehst du nicht aus.

Und wenn es Essen gibt, heißt sein Tischspruch »Und wenn sich Tisch und Bänke biegen, wir werden den Fraß schon runterkriegen« oder »Der Hunger treibt's rein«, noch so ein Spruch, übernommen schon vom Großvater Gustav aus den Sudeten. Das kann man getrost sagen, Tatjana kann ja gut kochen. Ohne den Spruch hätte was gefehlt. Es gibt immer Kuchen, mit Vorliebe Streuselkuchen mit Obst, zu Geburtstagen Buttertorten. Ich habe beides nie so gut hinbekommen.

Der blauäugige Junge ist schon zu groß für die kleine Dorfschule und muss in die nächstgelegene, vier Kilometer entfernte Dorfschule, Klassen fünf bis acht, wie auch alle folgenden Geschwister. Fahrräder, meistens gebrauchte, kommen von irgendwoher. Wenn nicht die Reifen kaputt sind und mit vielfacher Bandumwicklung der Radmantel noch hält und die Fahrradkette auch heil ist, dann kann man damit fahren, vorausgesetzt, es ist ein Sattel dran. Einer im Dorf repariert Räder und hat auch manchmal Ersatzteile; sonst muss man in die Stadt, mit ungewissem Ausgang.

Sich als Mädchen diesem Mann zu nähern ist nicht ratsam, das hat man schnell raus und wartet daher ab, bis die Frau dabei ist, die bei ihm lebt. Eheähnliche Lebensgemeinschaften sind Kriegsfolge, es stört niemanden.

Auch der kriegsversehrte Mann am anderen Ausgang des Dorfes lebt so, er repariert die Uhren des Dorfes. Wenn wir Kinder kommen und um Süßkirschen von seinem riesigen Baum bitten, steht er von seinem Mittagsschlaf auf, klettert trotz behinderten Beines auf die Leiter und gibt uns Kirschen, eine Menge. Schon er heißt Albrecht. Auch andere Leute im Dorf machen das. Von dem Junggesellen Fritz Nagel bekommen wir jeden Herbst große Mengen Obst, das wir selber ernten dürfen. In seiner Waschküche dürfen wir unsere Wäsche waschen, es gibt einen großen Kessel und fließendes Wasser. Auch das auf seinem Dachboden und sonst wo lagernde Geschirr, noch von Oma und Tante, mildert den überall herrschenden Mangel, es sind auch geschliffene Gläser und Majolikateller dabei. Er gibt mir kleinem Mädchen Erdbeeren, damit ich die meiner Mutter zum Geburtstag schenken kann, ich hatte ihn darum gefragt. Von ihm höre ich zum ersten mal den Namen Fontane. Mit den Ribbecks war seine Familie leiblich nicht verwandt.

Seine Familie, altmecklenburgisch und weit verzweigt, ist einer der Kristallisationspunkte für unsere sittliche Bildung, hatten die Sicherheitsbehörden doch 1951 seinen Onkel auf Nimmerwiedersehen abgeholt. Tatsächlich die in den langen, schwarzen Ledermänteln.

Er war der Aufforderung zu ehrlicher, öffentlicher Meinungsäußerung gefolgt, er war Kaufmann und Großwildjäger gewesen, nicht so sonderlich furchtsam. Das wirkt nach. Die Löwen im offenen Kampf bezwingen, das war ihm gelungen, was ein Hinterhalt ist, das haben wir an seinem Beispiel früh erkannt und auch, was Adel wirklich ist und dass man dazu nicht von … heißen muss. Dass es aber auch mit von. Adel gibt, das hätte uns der Heimatkundeunterricht vermitteln können. In dem Schloss, und es ist eines, an dem nahe gelegenen Trebbower See, in dem wir alle schwimmen gelernt haben, hatte der Gutsherr die Verschwörer des 21. Juli sich treffen lassen. Davon erfuhren wir nichts. Der zweite Neffe unseres Großwildjägers, der Bruder unseres Wohltäters, leitet jahrelang die kleine Verkaufsstelle des Ortes, leise, bescheiden und freundlich zu den Leuten. Das Fräulein bekommt immer ein paar der glänzenden, vielfarbigen Zuckerbonbons, die in hohen Gläsern auf dem Verkaufstisch stehen. Er war es, der nicht glauben wollte, dass das Fräulein ein ganzes Suppenhuhn auf einmal aufzuessen schafft, ein selbstgezüchtetes natürlich. Sie hat es ihm vorgeführt.

Seine ungewöhnliche Frau, die ein Modell einer Edlen von Mornag, unsere Metapher, darstellen könnte, blass, schwarzhaarig und sanft, hilft ihm. Irgendwann hält er es nicht mehr aus und geht mit seiner Familie in den Westen. Solange tut er gewissenhaft Dienst, wie auch bis zu seinem Tode sein Bruder im Dorf, der mit seiner Hühnerfarm – Maßstab für alle wirklich glücklichen Hühner – zum Wohlstand des Dorfes beiträgt, sich bis zum letzten verausgabend. Dieser ist robust und Gärtner, er bleibt im Dorf.

3. Kapitel

Kindheit und Jugend im Dorf

Der Schulweg in den nächst größeren Ort ist Glück und Leid. Erst nach zwanzig Jahren sieht sie von einer Höhe in Rheinland-Pfalz wieder eine solche Weite um sich herum.

Du fährst die zweihundert Meter ins Dorf hoch, biegst rechts ab, an dem ersten alten Bauerngehöft, Bongard, vorbei, links ist die Schmiede. Oft hast du zugesehen, wie Pferde beschlagen werden, wie das Feuer glüht, wie der Schmied auf dem Amboss auf glühendes Eisen hämmert, befeuert von dem Gesellen mit dem Blasebalg. Auch einen mechanischen Hammer hat er, du gruselst dich, wenn du dir vorstellst, darunter läge etwas Lebendes. Noch bevor du die späteren großen Landmaschinen siehst, spürst du diese Kraft, die so viel ungeheurer ist als die des stärksten Menschen.

Von der Pumpe dürfen wir Wasser holen. Klares, kühles Wasser kommt in dickem, prustenden Strahl heraus, du merkst, dass das kostbar ist. Wenn die Pumpbewegung schwerer wird ist der Moment, wo das Wasser aus der Erde kommt. Mit ein paar Auf- und Abbewegungen hast du es herausgeholt aus der Erde. Daran erinnerst du dich, wenn du später im Kino siehst, wie bei einer fündigen Bohrung das Erdöl herausschießt. Du siehst, dass das Wasser ein Element ist, ein Geschwister der Erde; nicht nur ein achtlos benutzter Gebrauchsgegenstand unter vielen, beliebig herumgeschludert. Hast du es nach Hause gebracht, hast du etwas geleistet.

Ein Stückchen rechts, an der Scheune wieder rechts und du bist aus dem Ort heraus. Die erste Grenze ist überschritten.

Das musst du nun selber machen.

Und jetzt kommen Felder, links und rechts von dir. Im Herbst pflügen die Bauern. Du siehst die schnurgraden Schollenreihen, schwarz glänzend, große Schollen, schwere Erde. Gleichmäßig legen erst die Pferde und später die Traktoren die Erde um; diese Seite hat genug getan, jetzt ist die andere dran. Das ist so selbstverständlich wie wenn du nach dem Essen abwäschst, Kohlen aus dem Schuppen holst für den Kachelofen oder der ortseigene Tischler Stadi Bretter hobelt, wortkarg, groß und hager. Er kommt aus dem Rheinland und singt zur Karnevalszeit rheinische Schlager. Tatjana näht Kostüme und besorgt sogar Masken.

Arbeitsgänge, etwas wird hergestellt. Die Krähen, selten auch Möwen, schwärmen um die Gespanne.

Du fährst zur Schule, die Großen pflügen. Das ist in Ordnung, es gehört zusammen.

Wächst Kohl, siehst du, wie die Köpfe immer größer werden, die äußeren Blätter sich abspreizen und der Kopf allmählich wie der eines Babys erscheint, und Nebel liegt morgens noch auf den sich wellig ausdehnenden Feldern. Es riecht feuchtstreng, im Herbst.

Um den ganzen Ort herum ist es hügelig. Wächst Korn, siehst du die ersten Halme, immer erst verdünnt grün. Dann entdeckst du Unterschiede. Links bleibt das Korn hellgrün, Gerste, rechts wird es blaugrün, Roggen. Und dazwischen Hafer. Den liebt das Fräulein besonders. Mit seinem vielteiligen Samenstand, im Winde spielend und so anders als die starren Ähren der anderen Sorten, ist der Hafer der Balletttänzer unter den Getreidesorten.

Dick und grade aufgerichtet, das ist der Weizen. Die Dorfleute, später auch die Schule, sagen dir, wozu was gebraucht wird. Nach der Ernte hast du das Korn in der Hand. Stoppeln gehen die Leute, Ähren sammeln. Mit der Handmühle werden die Körner gemahlen. Später bewunderst du, wie auf dem Speicher das Korn zu Kleie gemahlen und die verschiedenen Kornsorten getrennt in Säcke gefüllt werden, Futter für die Hühnerfarm und die Schweinezucht. Vollkommen bemehlt kommt mein Ziehvater nach Hause. Die Arbeit ist anstrengend, die vielen Säcke müssen auf der Dezimalwaage nachgewogen werden. Auch heute isst du wieder Kleie, diesmal aus dem Laden. Und du denkst wieder und wieder, ob alle die, die hier die Kleie kaufen, wissen, wie Korn wächst, wie Hafer aussieht und was du fühlst, wenn du inmitten von Kornfeldern stehst.

Hast du mal gesehen, wie die Muskeln eines Pferdes arbeiten, wenn es einen Wagen zieht, wenn es vor Anstrengung schwitzt und dampft und den Pflug zieht? Dann verstehst du die Teamarbeit von Boden, Wetter, Mann, Pferd und Saat. Du spürst Dankbarkeit und Ehrfurcht. In der industrialisierten Nahrungsmittelproduktion verflacht diese Möglichkeit, willst du der Maschine dankbar sein? Und nicht mal die siehst du. So muss dir alles zu teuer sein, aber auch lieb und teuer? Du siehst kein Huhn und kein Schwein, du sollst auch nicht sehen, welch jämmerliches Dasein sie fristen, sie sind nicht da; sie sind versteckt. Stattdessen gibts bunte Bildchen in der Reklame. Grausamkeit plus Lebenskitsch, das erzeugt Verantwortung, oder? Wir essen Kitsch, gemeinen Kitsch.

Hier ist kein »Abschied von Gulsary« mehr möglich.

Das hier auf deinen Feldern ist die Kraft, die das Korn sammelt und dir weitergibt.

Was ist das für eine Kraft? Das würdest du noch merken, auch wozu du diese ganze Kraft brauchst. Noch bist du wie der unwissende Stier auf der Weide, der keine Ahnung von dem bevorstehenden Kampf hat, aber schon mit den Hufen stampft.

Und als du gelernt hast »Und wie ein Meer dehnt es sich aus«, da wusstest du, das ist Gerste.

Nichts, außer vielleicht wirklich dem Meer selber, ist mit der sanften Wellenbewegung eines großen, weit gestreckten Gerstenfeldes zu vergleichen, auf das du schaust, auf einer Anhöhe stehend. Es ist die vertausendfachte Anmut eines Schleiers in leichtem Wind.

Auf der Anhöhe, auf dem Schulweg bist du allein. Dir gehört die Welt, Freiheit. Die Äpfel und Birnen an den Seiten des Sandweges, die ein vorausschauender Mensch angepflanzt hat, der riesige Himmel, oft voller dicker, weißer, segelnder Wolken; du kennst schon alle Wolkensorten, die Senken und Hecken. Das stimmt, dass es etwas macht, unter welchem Himmel du aufgewachsen bist, da hat dein Bruder recht. Du schaust auf die fünf Bauerngehöfte, die rechts und links deines Weges in der Gemarkung liegen und die quasi die Etappen des Weges sind, und manchmal machst du dir Gedanken über das Wort Mark. Du kennst gut das Mark der Hühnerknochen der von dir selbst geschlachteten Hühner, das musst ja immer du machen, das Mark der Rinderknochen, von Rückenmark ist die Rede, das nicht beschädigt werden dürfe.

Gemarkung, markieren, durch Mark und Bein gehen, Bein hier als Knochen zu verstehen, die Gebeine, markerschütternd, Markgraf, ein Begriff aus alten Geschichten und Sagen, was hat das alles gemeinsam? Du hast kein Fremd- oder ethymologisches Wörterbuch, du weißt noch gar nicht, dass es so etwas gibt. Computer gibt es so gut wie noch gar nicht. Aber dein Gehirn, und, damals mit unbewusstem Anteil, auch deine Seele vergessen solche Fragen nicht. Sie servieren sie dir als du erwachsen bist und deine Gemarkung endgültig verlassen hast.

Hat deine Gemarkung in dir etwas markiert, hat das etwas mit deinem Mark zu tun?

Es hat.

Es kostet dich nur ein bisschen Beiseiteschieben, und du siehst dich wieder an der Stelle des Weges stehen, von der du dein so einfaches Haus sehen konntest, sein rotes Ziegeldach in der Senke. Das Haus, in das du von allen Orten immer wieder zurückkehrst. Ist es auch dieses

Zurückkehren, das Bindung schafft? Dein ganzes, langes Leben seither schiebst du in Sekundenschnelle weg. Erstaunt merkst du, dass du dieses Haus und seine Umgebung, seine Geborgenheit, die Eltern und Geschwister darin, vermisst, obwohl du dir aller Mängel sehr wohl bewusst bist, obwohl du längst ein eigenes Leben hast. Das erscheint dir unglaublich, obwohl hundertfach in Lied und Text beschrieben, die du alle gesungen und zumeist auch gelesen hast. Du siehst, das war schon immer so.

Du wirst alt und du vermisst deine Kindheit.

Wenn du dem zu viel Raum gibst, kannst du dir in bestimmter Hinsicht wie ausgesetzt vorkommen. Und das, obwohl du äußerlich und auch innerlich eine neue Heimat hast, regelrecht selbst erobert. Sind wir ewige Nesthocker?

So verstehst du auch, warum die alten Leute, und gerade sie, um ihre alten, verlorenen Heimaten weinen. Und du fragst dich erneut, wie dein Vater, der ein sehr naturverbundener Mensch war, mit dem Verlust an Heimat und noch so vielem anderen zurecht gekommen ist? Er hat sich eigentlich nie beklagt. Er muss ein sehr starker Mensch gewesen sein.

Und jetzt, nach so vielen Jahren, fühlst du ein starkes Bedauern für deinen Vater und eine Achtung für seinen lebenslangen Kampf und seine Leistung. Du merkst, dass du ihm nicht gerecht geworden bist, ein Empfinden, das wir so oder so wohl mit zunehmendem Alter alle teilen. Und auch, dass wir gegenläufige Empfindungen haben; und wir haben zu kompensieren gelernt, dennoch, wir empfinden unsere Kümmernisse und Verluste zunehmend.

Auf die Waldungen, die den Panoramablick von deiner Anhöhe aus umrahmen, schaust du, immer, wenn du von zu Hause wegfährst, wegläufst und wieder heimkehrst.

Auch deswegen wirst du später die russischen Literatur-verfilmungen lieben, sie zeigen so etwas und Aitmatow und Tolstoi sind dir brüderlich.

Da sind Ortschaften versteckt, die für dich manchmal schon Ausland sind. Dir genügt deine Welt.

Du bist Teil dieser Welt und du kennst alle Kräuter, Laute, Gerüche, Wegformationen, Regenarten, Windsorten, Nässegrade und Wachstumsstadien. Millionen von Bildern hat dein Gehirn schon gespeichert, du könntest auf Anhieb sagen, dass das die Ecke des Stalles am Spätnachmittag ist, die rechte Ecke. Und in der Fremde, also ganz woanders, wirst du dieses Bild vermissen und auch die Millionen anderen. Und wie es sich anfühlt, wenn du deine Hand genau um diese Zeit auf die erwärmten, rauhen Ziegelsteine legst.

Wie oft fährst du durch Regen und Wind aller Art, nicht alles kennst du mit dem Namen, aber alles mit deinen Sinnen.

Du hast alles berührt, gerochen, geschmeckt, gehört und gesehen, wiederholt, in unzähligen Varianten, du bist eingehüllt und durchdrungen.

Du hast dich über Schnee gefreut, entzückt über den Flockenfall und du bist auf dem Schulweg stecken geblieben im Schnee.

Dann,wie in vielen anderen Fällen, hilft dir dein nächst ältester Bruder heraus. Du folgst ihm auf den Stationen mit eineinhalb jährigem Abstand. Das bleibt so bei.

Du kennst den Schnee, matschig, glitzernd, blau und rosa im kalten Winterabendlicht leuchtend, als dünnen, vom eisigen Wind dahintreibenden Firn, in Schneewehen, die Haus und den Weg zum Stall versperren, so dass freigeschaufelt werden muss. Die kleinen, scharfen Eispartikel, wenn der Schnee stiebt, kennst du und die endlose, weiße, geschlossene Schneedecke, aus der herausragende, trockene Gräser und unterbrechende Hecken gerade noch verhindern, dass du ins Unendliche fällst.

Du kennst sie, die unendliche Einsamkeit, wenn du, ergriffen und abwehrend zugleich, im hereinbrechenden Dunkel die eisigen, bläulichen Schneeweiten gegen den sich schon schwarz färbenden Horizont siehst, auf dem Weg nach Hause. Du musst ja dauernd von zu Hause weg und wieder dahin, immer unterwegs. Wenn du irgendwo bist, du bist immer irgendwo, du siehst es genau, alles.

Unaussprechlich der Anblick, wenn es in flaumigen Flocken unhörbar und stetig auf die Wiesen, den Teich, die Weiden, den kleinen Bruch,die Sträucher und den Garten vor deinen Augen schneit. Millimeterweise fühlst du die neue Welt entstehen. So kennst du schon Storms Weihnachtsgedicht, bevor du noch zur Schule kommst. Und dass es ganz viele verschiedene Sorten von Eis und Schnee gibt, dazu brauchte es nicht der Erklärung des Fräuleins Smilla, du hast schon das Gespür für Schnee. Und manchmal ahnst du, dass du diese Schönheit verlieren wirst.

Fassungslos bleibst du stehen, als du an einem strahlenden Wintermorgen die riesige, glitzernde Zauberwelt erschaust, die der dicke Rauhreif aus deinen großen Weiden, den Wiesen und Häusern gemacht hat. Angewurzelt. Es funkelt. Du hast die Metapher für Diamant, den geschliffenen Brillanten, vor Augen. Und als du später matt geschliffene Muster in glänzendem Kristallglas siehst, erkennst du wieder, was der Frost in das Eis auf Pfützen und überschwemmte Wiesen gemacht hat. Milcheis und klares Eis überlagern sich, laufen ineinander in zahllosen Verwandlungen, die du, endlos staunend, betrachtest. Ein Kranz von dicken, kristallinen Eiszapfen an den Reetdächern der Scheunen, du schaust zu,wie sie in der Mittagssonne die Zeit tropfend fallen lassen. Dir käme nie in den Sinn, dass es um diese Zeit und das Zuschauen schade wäre.

Ebenso geht es mit allen Schattierungen des Lichts in der Luft und am Himmel, mit den Kontrasten, mit den

Tönen und mit jedwedem sinnlichen Phänomen. Unendlichkeit ist der Abendhimmel, bis zum Scheitelpunkt rot angestrahlt. Jetzt siehst du seine Wölbung. Der marmorierte Purpur überzieht, vom Dorf zu dir herunter kommend, den Himmel vor dir und macht eine Orchestermuschel, und du bist das Publikum. Da sitzt du auf den allererersten Stufen, die gar keine sind, nur die in einem Viereck in die Erde gelegten kleinen Feldsteine. Darauf sitzt du, und das reicht. Da bist du etwa fünf Jahre alt.

Wie könntest du beschreiben, wie der Vollmond, seine Größe muss einer erfunden haben, zwei Meter über der Erde hinter einer schwarzen Hecke hervorkommt und aufsteigt? Das siehst du aus etwa einem Kilometer Entfernung und die Wirklichkeit und deine Märchenbücher verschmelzen.

Einem Maler glaubte man das Bild nicht, wenn er zeigte, wie sich der Mond am schwarzen Nachthimmel von dem Dachfirst deines Hauses abhebt und wie sich dazwischen die Silhouette des Kirschbaumes wie ein Scherenschnitt schiebt. Unwirklich sieht es aus, wenn die Wiesensenke vor dem Bruchwäldchen, in die du hinunterschaust, mit Nebel gefüllt ist, halbhoch, und oben aus dem Nebel die Köpfe äsender Rehe zu sehen sind, links eingerahmt von einer Hecke, durchsetzt mit Bäumen, und das in der Abenddämmerung. Ab und zu gluckst noch ein Vogel.

Im Mai ist das alles angefüllt mit richtigen Maikäfern, Hunderte. Wir fangen sie, bloß Schütteln an den Bäumen, und teilen sie in die verschiedenen Gruppen ein, sie sehen ja ganz unterschiedlich aus. Oft machen wir das in der Abenddämmerung, die Maikäfer sammeln sich dann an den Bäumen. Du tanzt über die Wiesen, bestaunst die Maikäfer mit ihrem unverwechselbaren Geruch und siehst die Abendstille wachsen, das leise Verabschieden des Tages, das unmerkliche ineinander Laufen von Tag und Nacht.

Eine Hälfte von dir singt laut, die andere betrachtet andächtig den Wandel und stellt sich in seine Mitte.

Und was überbordende Lebenskraft und – freude sind, das hast du vor Augen, wenn sich die gesamte Wiesen- und Feldlandschaft vor dir ausbreitet, abgesenkt und zu allen Seiten wieder ansteigend, durchzogen von Hecken, und besteckt mit tausenden gelbstrotzenden Löwenzahn- blüten, im Mai, in die Essenz von Grün gebettet. Was Zartheit ist, das fühlst du schon als kleines Kind, wenn du eine Löwenzahnblüte an der Haut spürst, weich, leicht feucht und doch samtig. Und du weißt ein für allemal, dass du so berührt werden möchtest. Du wirst jeden abweisen, der davon nichts versteht, von der Zärtlichkeit.

Einen blaueren Himmel gibt es auch nicht. Wenn du nach Hause kommst, wenn du den Weg vom Dorf zu dir herunter läufst, dann siehst du das. Alle Not vergisst du. Und du bist frei.

Und das bleibt so bei.

Nichts wird dir jemals das alles verdächtig machen können; das Raffinierte kannst du schätzen, das Naive wirst du lieben.

Die Kommentatorin eines Filmfestivals fragt einen Filmregisseur, der Menschen am Rande auf dem Glück bestehen lässt und als Gegenstück zu ihrer Bedrohtheit Mohn- und Rapsfelder aus dem zurückgelassenen Bos- nien zeigt, ob er keine Angst vor Kitsch habe. Welche Armut. Welche Wurzeln hat diese? Für sie sind das nur Poster, Flächen, keine Bilder, keine Räume; kein Leben.

Sie tut mir leid.

Ich werde nie ein Stadtmensch.

Auch das Dorfleben hat viele Höhepunkte. Erntetanz im Saal. In diesem Klecksdorf gibt es einen Saal, wirklich groß, mit Dielenboden und einer Bühne. Diese hat sogar einen zuziehbaren Vorhang. Früher gab es dazu mal eine Kneipe. Die Frauen sind sicher ganz dankbar, dass sie weg ist. Rechts und links an der Bühneneinfassung sind zwei Wappen aufgemalt, ganz schön groß. Links sieht man einen dicken Stierkopf, den mecklischen Dickschädel, der ist jedem klar. Rechts ist ein Greifvogel zu sehen, keiner fragt, was der soll, es sagt auch keiner. Vorpommern, Pommern, Verbindung zu denen von Greifen aus dem Brandenburgischen, das muss nicht Allgemeinwissen sein. Die Dorfleute stört es nicht. Beim Erntefest gibt es nachmittags einen Umzug für die Kinder und Erwachsenen, mit Erntekrone, von der ersten Klasse 1954 an, und Kindertanz, organisiert von dem Neulehrer, Herrn Erdmann, und abends Dorftanz, organisiert von anderen. Der Molkereibesitzer und langjährige Bürgermeister Lembke tanzt mit dem Pferdekutscher Pöls einen Männertanz, mit Zylinder und Verbeugung. Das Dorf lacht sich scheckig, es gibt Polonaise und Polka und Walzer.

Die Leute sind stolz, zu recht, sie haben das Leben in Stall und Scheune gebracht, nur die Hackfrucht kommt später dran. So wie von alters her, egal unter welcher politischen Ägide. Auf der Bühne sitzt eine Musikkapelle, viele Jahre dieselbe.

Alle Dorfbewohner gehen hin und die Eltern erlauben den Kindern schon früh, auch abends dabei zu sein.

Der Vater verträgt keinen Alkohol. Regelmäßig hat er am nächsten Morgen einen dicken Kater, aber aus Spaß an der Freud macht er mit. Wenn er mal allen Kummer vergessen kann, ist er fidel. Dann muss am nächsten Tag Milch ran, ein bis jetzt probates Mittel.

Manchmal kommen »Die Malmströms« zu einem Gastspiel; eine Theatergruppe. Ein Ereignis im Dorf, zu dem wieder alles erscheint. Es ist sehr lustig, der Vorbote zu Heidi Kabel und Co.

An solche Ereignisse schließen sich oftmals entspannte Tage an. Die Kinder erfahren, dass der Vater sich sein erstaunlich umfangreiches Wissen weitgehend über Fernleihe erworben hat. Sie fragen sich, wie er auch das noch geschafft hat. Urkomische Effekte bleiben nicht aus, denn die Aussprache bestimmter Wörter bedürfte des Vorsprechens. Und so werden aus Nuancen »Nunancen« und reagieren wird wie »rangieren« gesprochen, für die halbwüchsigen Kinder Kicheralarm, allerdings hinter vorgehaltener Hand. Wir verbessern nicht. Dass wir tatsächlich keine Zwiebeln haben, wenn es sudetendeutsch heißt: »Keine Zwiebeln haben wir nicht mehr«, das haben sie schon lange herausgefunden. Und dass man bei »Nichts Genaues weiß man nicht«, wirklich im Unklaren ist, ist auch schnell verstanden.

Auch Kindertag wird am 1. Juni im Saal gefeiert, wieder mit Kindertanz. Ebenso Weihnachtsfeier, zu der der Lehrer Erdmann regelmäßig über die Eltern eine Bescherung organisiert. Noch heute gibt es eine edel illustrierte Ausgabe der Hauffschen Märchen, aus der das Fräulein nun manchmal ihren Schülern vorliest; »Kalif Storch« – »Die Geister, die ich rief, die werd' ich nun nicht los«. Sie hofft, dass doch einige die Verbindung erkennen. Und eine Sammlung russischer und mittelasiatischer Märchen kommt auch daher, »Die Sandelholztruhe«. Ich erinnere noch heute den Moment der Übergabe.

Als das nunmehr erwachsene Fräulein ihren Mann kennen lernt, liest er alle Märchenbücher, während sie Abendbrot macht, inzwischen eine beträchtliche Sammlung. Auch daran sieht sie, dass das jetzt mal richtig ist. Theateraufführungen der ersten bis vierten Klasse gibt es in diesem Saal.

In »Die Tiere des Waldes« spielt der nächst älteste Bruder den Hirsch, dessen selbst gebasteltes Geweih gefährlich hin und her wippt, während des Fräuleins auch von ihm gebastelte Hummelflügel prächtig zu ihrem pummeligen Körper passen. Und mit dem gelispelten Satz »Geh weg und lass jetzt das Gefummel, ich bin das Fräulein Sussi Hummel« ist die Heiterkeit im Saale perfekt und sie hat ihren zweiten Spitznamen weg; Horst Lembke ruft sie, lachend auf der Anlieferrampe für die Milchkannen stehend, »Tante Jutta aus Kalkutta«. Er war es auch, der die Anekdote am Leben hielt, wie das noch ganz kleine Fräulein in die Molkerei gekommen war und um Milch gebeten hatte, aber bitte ohne Haut. Die Dorfbewohner haben Sinn für Witz und Humor. So geben sie später einem von Hecke, Teich und Senke »befreiten« Ackerstück den Namen »Bökener Sahara«.

An der Humboldt-Universität wird sie wegen der Lispelei zum Logopäden in die Charité geschickt und muss wöchentlich im Phonetikseminar in Englisch vorsprechen. Der Logopäde hats geschafft.

Ein Großereignis ist auch das Kino im Saal. Einmal pro Woche kommt der »Kinofritze«. Von den Kindern schon herbei geguckt, erscheint sein Gefährt auf der letzten Kuppe des etwa zwei Kilometer langen Zugangsweges, der von der Überlandchaussee abzweigt und in das Dorf führt. Die Chaussee führt in die Bezirkshauptstadt, das letzte Stück in der Stadt heißt Lübecker Straße. Und in der Tat, so erzählt man sich im Dorf, sind in vergangenen Zeiten die Großbauern und andere Großmächtige mit ihren Kutschen ab und an zum Kurzurlaub nach Lübeck aufgebrochen. Das geschah ohne die Frauen, versteht sich, die hatten nie Zeit und von irgendwelchen Ersatzteilen unterschiedlichster Natur verstehen sie sowieso nichts.

Dem Fräulein wäre nie in den Sinn gekommen, dass es eines Tages auf dem Lübecker Marktplatz stehen könnte, dann, wenn es »Die Buddenbrocks« schon längst in ihrer Wieseninsel gelesen haben würde.

Der »Kinofritze« erscheint und baut vor aller Augen seine Apparaturen auf. Beim Auspacken helfen die Kinder, große Filmrollen werden getragen, die Stative aufgestellt, der Film eingelegt. Dann kommt auch gleich der erste Filmriss, der in aller Gemütsruhe geflickt wird. Zur Metapher kennt sie schon das Original.

Die Kinder sind geduldig, sie wissen, das lohnt sich.

Für ein paar Pfennig gibt es den ersten Vorfilm, einen von denen mit dem Maulwurf, danach den zweiten, den vom tapferen Schneiderlein als Scherenschnitt und so weiter. Schließlich kommt die Wochenschau und nun gehts los, »Die schöne Wassilissa«, »Huckleberry Finn und Tom Sawyer«, »Des Kaisers neue Kleider«, später auch »Ernst Thälmann – Sohn seiner Klasse«, »Der stille Don«, »Der Kommunist«, »La Strada« … Das formt. Karlmann Latabar ruft zu gewissenhafter Arbeit auf. Fernsehen gibt es noch nicht.

Die Apparatur schnurrt und weil es abends Kino für die Erwachsenen gibt und sich eine Rückfahrt ja ohnehin nicht lohnt, gibt der gutmütige Kinomann noch ein paar Kurzfilme dazu. Die Kinder dürfen wieder einpacken helfen, soweit nötig.

Das Fräulein will nicht mit einpacken, völlig versunken in diese Bilderwelt, besonders in die der märchenhaft, meisterhaft gemalten russischen Filme, sinnt sie diesen hinterher. Ihre ganze Jugend lang und noch lange im Erwachsenenalter wird sie sehr oft ins Kino gehen. Sie besitzt viele Kinoprogramme aus dieser Zeit, Jean Marais als junger Graf von Monte Christo, x-mal gesehen,

Günther Simon als Ernst Thälmann, Gerard Philippe in »Die Kartause von Parma«, Manfred Krug, Annekathrin-Bürger, und Sidney Poitier in »Junge Dornen«, Armin Müller-Stahl und die junge Lollobrigida, Simone Signoret, Erwin Geschonneck etc. etc.

Wie der Film des Abends heißt, das ist im Kaufmannsladen angeschrieben. »Auf der Alm, da gibt es koa Sünd«, hieße der Abendfilm, teilt sie ihrer Mutter mit. Was es da zu lachen gibt, versteht sie nicht.

Dem Fräulein geht es in ihrem Dorf sowieso wunderbar. Blondgelockt und kess in die Luft schauend ist sie Liebling zu Hause, im Dorf und in der Schule.

Tatjana hat sie alleine entbunden, da die Hebamme nicht rechtzeitig herangeholt werden konnte, ihrem Vater ist der Fahrradreifen unterwegs geplatzt, und Tatjana hat Zeitungspapier untergelegt, damit die Bettwäsche nicht so verschmutzt. Das war noch in der ersten, provisorischen Unterkunft der Familie, in zwei Dachkammern des späteren Posthäuschens. Das Fräulein war schwarz von der Druckerschwärze. Zwei Monate zu früh, im November 1947. Die Tomaten hatten wohl doch nicht lange genug vorgehalten, ihre Vorwitzigkeit hat es.

Sie isst und bricht und isst sofort wieder und das bleibt eine ganze Weile so bei. Sie kann sich noch erinnern, dass die Mutter kommt, sie von dem vollgebrochenen Bettzeug zu befreien, da ist sie schon Kleinkind. Der Vater kommentiert, die Augen seien mal wieder größer als der Magen gewesen. Scheints, auch das bleibt so bei.
Es gibt nicht genug Bettzeug und immer noch kein Wasser am oder im Hause, jetzt schon in der Knechtskate, und schon gar keine Waschmaschine. Die Mutter schimpft nie, ihre Zuwendung verteilt sie doch ungerecht. Der jüngere Bruder kommt schlechter weg. Alles, was sie im Haushalt benötigt, muss per Hand aus dem Verkaufsladen des Ortes oder aus der Stadt herbeigetragen werden. Im Ort macht das Tatjana hauptsächlich selber.

Wasser holen können inzwischen die Jungen, die auch sonst überall helfen, Kartoffeln, Kohlen, Äpfel in den primitiven Keller einräumen. Manchmal muss man in die Stadt fahren, den Kohlenhändler beschwatzen, ob denn noch immer keine Kohle lieferbar ist. Es ist ein Ereignis, wenn die schwarzen, hochglänzenden Kohlenbarren kommen. Das Einräumen in den Keller macht man gerne.

Auch das Fräulein hilft. Sie und ihr jüngerer Bruder sägen, als mal wieder nichts mehr zum Heizen da ist, einen Baum im nahen Bruchwald ab, ziehen ihn nach Hause und zersägen ihn. Eine selbstgehackte Holzmiete ist etwas Wunderbares. Kraft kann man haben zum Holzhacken, nicht zum Zerstören, aus Langeweile.

In der Dorfschule hat sie es gut, als einzige Schülerin in die erste Klasse eingeschult, ist sie in ihrer Stillarbeitsphase fix fertig und darf mit den anderen mitmachen. Es sind alle vier Klassen in einem Raum. Herr Erdmann praktiziert einen modernen Unterrichtsstil, Differenzierung in einer Miniklasse, jeder Schüler hat ein anderes Niveau. Zur jährlichen Einschulung der neuen Klasse übt der Lehrer ein Theaterstück ein.

Wenn die Junglehrerausbildung einer »Schnellbesohlungsanstalt« gleicht, was ihr oft nachgesagt wird, dann ist Herr Erdmann ein Naturtalent. Und auch ihm liegt etwas an den Kindern und der neuen Zeit; es soll etwas Gutes daraus werden.

Und da das Fräulein hier noch allen überlegen ist, ist sie Queen.

Chorgesang ist sowieso für alle und Sport. Mitunter treibt sie Possen und der Lehrer weiß nicht, soll er lachen oder schimpfen. Ab und zu kann er sich nur so behelfen, dass er sie wegen ständigen Redens und noch öfter wegen nicht endenden Gelächters in den kleinen Garderobenvorraum schickt. Hier lacht sie weiter und betrachtet die vom Stellmacher angefertigten Garderobenhölzer mit ihrer Maserung. Das also ist ein Baum, wenn man ihn aufgemacht hat. Manchmal geht sie auch zur Stellmacherei, diese liegt gleich oberhalb ihres Häuschens, neben der Schmiede, und schaut zu, wie die langen Baumstämme in dicke Bretter zersägt werden, schaut sich die Sägespäne an, die hellgelben Hobelspäne und geht immer wieder um die auf dem Hof aufgestapelten Brettervorräte herum. Da liegen sie nun, die Bäume, die noch bis vor kurzem im Wald standen. Der Stellmacher erklärt ihr, dass und warum die Bretter trocknen müssen. Und im Spätherbst, wenn auf den Feldern nicht mehr so viel zu tun ist, sieht das Fräulein, wie die Männer aus Brettern einen Koppelzaun machen. Man braucht ihr nichts zu erklären, die Kühe und Pferde sind im Sommer in diesen Koppeln. Sie

pflücken extra Kräuter für sie und füttern die Tiere.
Manchmal lassen sie aus den Tankwagen Wasser in die
Tröge nach. Sie merken, was die Tiere am liebsten fressen
und staunen, dass die weichen Pferdemäuler Disteln fressen. Die großen Klettenstauden bleiben auf der abgeweideten Wiese stehen wie Solitäre in einem Park. Niemand
hat Angst vor den großen Tieren. Wir bestaunen die matschigen Kuhfladen und wundern uns, dass die Pferdeäpfel
so ganz anders aussehen. Dass es beides prima Dünger
gibt, das ist schnell bekannt und wird für den direkt an die
Wiesen grenzenden Garten genutzt.

Das Fräulein sieht, wie das alles zusammenkommt und
dass sie mittendrin am rechten Platze ist. Die Elektrozäune kommen viel später und sie empfindet sie als
Fremdkörper.

In Betrachten liegt achten, fällt dir später auf.

Du betrachtest die glänzend braune, tiefdunkle Färbung der Kastanien vor dem Schulhaus, wenn sie aus den
frisch gefallenen Stachelhüllen hervorschauen. Das weiche
Bett in den Kastanienschalen macht schon klar, was eine
Gebärmutter ist, sie wundert sich später nicht.

Die Pflanze vermehrt sich, das Vieh vermehrt sich, der
Mensch vermehrt sich, alles alltäglich und doch im Werden immer neu. Und alle Tätigkeiten dienen diesem, sieht
sie, von Jahr zu Jahr. Dass sie sich in diesen Vermehrungsprozess einreihen wird, das wird gar nicht erst hinterfragt.

Es ist kein Unterschied, ob sie Frühstück für die Familie macht oder die Kälber im Stall füttern hilft, ob die
Tomaten gegossen werden müssen oder Brot geholt werden soll. Alles ein Leben, alles gleichberechtigt. Mit zehn
Jahren weiß das das Fräulein, egal, ob sie weiß, dass sie das
weiß.

Das Fräulein macht alles gleich gern. Und sie wundert
sich über das Ganze.

Kann man sich über das Selbstverständliche zugleich
wundern?

50

Immer wieder fasziniert ist sie von den runden, einseitig abgeflachten Kastanienkugeln mit ihren verschiedenen Mustern und Formen, ihrem Glanz, ihrem herben Duft. Immer ist es eine kleine Enttäuschung, wenn der Glanz stumpf wird. Sie versucht es mit Margarine, hilft auch nicht. Was hilft, das ist die Gewissheit, dass es jedes Jahr neue Kastanien gibt. Sie sammelt die Kastanien, teilweise wird das ja auch angeordnet, Viehfutter. Das Sammeln bleibt bei.

Das Fräulein bewundert in Heimatkunde die bunten Flecken im Atlas, riecht noch heute die knalligen Farben, kennt ihren Griffelkasten aus Holz, von den Tanten, sieht die Tuschkästen mit zwei Lagen Farben, das Dürersche A eingeprägt, inklusive der Tube Deckweiß und Pinseln, von den Tanten, und Anspitzer und Radiergummi, auch von den Tanten. Dazu gibt es wunderschöne Blechschachteln mit vierundzwanzig Buntstiften, Marke Faber, unbeschreiblich duftend, und Bleistifte mit aufgedruckten Verkehrszeichen oder langgezogenen, spiralförmigen Farbbahnen; ihr liebstes Muster, Zeichenblöcke anbei.

Wie sie dann die Verwandten in Miltenberg einmal besuchen, sehen sie den gleich neben ihrem Textilgeschäft liegenden Schreibwarenladen. Die Tanten werden auch hier hinter dem Rücken des Geschäftsführers einen Deal ausgehandelt haben. Diese Mengen für so viele Kinder können selbst sie nicht bar bezahlt haben.

Im Sommer fahren die Kinder mit einem Bus zur Ostsee und zum Weihnachtsmärchen in das Staatstheater Schwerin. Das mit dem Staatstheater sollte die gymnasiale Oberschule, genannt Erweiterte Oberschule, EOS, fortsetzen. Auch die später gegründete LPG, Landwirtschaftliche Produktionsgenossenschaft, organisiert Busfahrten ins Theater für die Dorfleute, und die fahren auch. In einem Weihnachtsmärchen erhält das Fräulein eine erste Lektion. Dem dummen Riesen soll entlockt werden, wo er den Schlüssel versteckt hält. Und er beteuert immer wieder, dass er ja nichts sagen darf, gar nichts! Und von einem Schlüssel wisse er nichts, gar nichts. Aber wenn er denn etwas sagen dürfte, dann würde er sagen, dass. .., Aha, zwei Wahrheiten und die verbotene ist die richtige und einer hats verboten? Vorläufig bleibt diese Frage herumstehen.

Am Nachmittag dürfen die Kinder den endlich geborenen Sohn des Lehrers mal halten und sie lässt ihn beinahe fallen. Auch in den großen Hausgarten dürfen die Kinder und süße Stachelbeeren essen. Ganze Arme voller Flieder brechen sie von der langen Fliederhecke ab, die den hinteren Sportplatz umsteht, schon seit Urzeiten, und bringen sie den Müttern. Garten und Fliederhecke stammen noch von dem Lehrer vor ihrer Zeit, Herrn Markward. An den kann sich das Fräulein ebenfalls erinnern.

Allerlei Unfug sieht der Lehrer ihnen nach, aber als er von missgünstigen Eltern, deren Kinder ein Ärgernis und eine Provokation sind und die zu Hause geschlagen werden, der Gewaltanwendung beschuldigt wird, wehrt er sich. Die Eltern des Dorfes stehen ihm bei und auch mehrere Kinder bezeugen, dass nichts dergleichen vorgefallen ist. So bleibt er dem Dorf erhalten, bis die Schule überhaupt aufgelöst wird; ein kultureller Verlust für das Dorf, ein identitätsspendender Faktor weniger, eine Vorbildfigur verloren. Das Fräulein muss Schönschrift üben, das abzuschreibende Buch ist noch vorhanden.

Mit einer besseren Schrift könne sie sogar Lehrerin werden. Etappenweise ist ihre Schrift sehr schön, jetzt nur noch, wenn sie viel Platz hat. Lehrerin ist sie geworden, Platz verschafft sie sich.

Die größte Nachkriegsnot ist vorbei, auch produziert die heimische Landwirtschaft dank der Neu- und der verbliebenen Großbauern Feldfrüchte und Fleisch. Die kleinen Leute haben ihre Gärten instand gesetzt. Jedes mal, wenn sie aber bei ihren Schulkameradinnen zu Gast ist, deren

Eltern Neubauern sind, ist sie froh, dass ihre Eltern keine sind: diese Eltern sind nie da und auch die Kinder müssen pausenlos im Stall und auf den Feldern helfen, keine Zeit zum Lesen oder zum in der Landschaft herumschweifen.

So wundert es niemanden, wenn ein Junge als Hausaufsatz zum Thema »Was mache ich zu Hause am liebsten?« schreibt: »Am liebsten mache ich gar nichts.«

Sie und ihre Brüder helfen auch viel, schon aus Solidarität zur Mutter, aber sie hat dennoch viel Zeit zum Lesen. Im Sommer verzieht sie sich mit ihrer Decke in den Wiesengrund. Obwohl das nur etwa sechzig Meter entfernt ist, kann man das Häuschen schon nicht mehr sehen, da das Gelände abschüssig ist. Man kann ganz genau noch das feinste Muster der Wiesenblumen sehen, das Adergeäst eines Kleeblattes.

Umgeben vom Bäume Rauschen, dem Getriller der Vögel, dem Insektenflug von Wiesenblume zu Wiesenblume, und ab und zu hörst du ein fernes, dich versicherndes Traktorengeräusch, aber vor allem umgeben von unbelasteter Stille reist du nach Russland mit Tolstoi, mit Edgar Allen Poe und Robert Louis Stevenson ins Abgründige, mit hunderten Märchen aller Provenienz in die Wunsch- und Legendenwelt, später in die klassische deutsche Literatur, aber auch mit Stifter, Gerstäcker, Novalis und ungezählten weiteren Literaten aller Länder in die vielen Lebensräume aller Zeiten. Dickens, Zola, Andersen, Nexö, Dostojewski, Kleist, Shakespeare und Schiller und Goethe und alle ihre Verwandten legen Fundamente.

Da Tatjana selber eine Leseratte ist, hat sie Verständnis für die Lesewut ihrer Kinder. Die kleine Dorfschule hat eine Bibliothek, es gibt schon dort kein ungelesenes Buch.

Jedes Jahr im Advent liest die Mutter das Buch vor.

»Die Leutchen im Walde«, geschickt vom Opa und der Tante Emmy aus Kaufbeuren. Die Advents- und Weihnachtszeit wird von »den Kaufbeurern »abgesichert; die wunderbar stabilen Kartons mit herrlichen Weihnachtsgeschenken haben sich weit überlappende Seitenfalze. Macht man die Krammen heraus, nach vorheriger Mitteilung, dass hier sorgsam umzugehen sei, kommen blaugefärbte Scheine mit der Zahl 100 zum Vorschein, damals noch in Mark. Das Fest ist gerettet.

Für meine jüngste Tochter sucht der angehende Schwiegersohn Jahrzehnte später das Buch im Internetantiquariat, es gibt nur zwei Anbieter. Er macht das als Überraschung, so einer ist das.

Das Fräulein ist inzwischen fast ein junges Mädchen und ihre Brüder sind auf den weiterführenden Schulen. Sie muss die Mittelschule im vorerwähnten, nächsten Dorf hinter sich bringen, fünfte bis achte Klasse. Dieses letzte Schuljahr bleibt ihr dort glücklicherweise erspart, da die Eltern des Dorfes endgültig protestieren und sich weigern, ihren Kindern weiterhin diesen Schulweg zuzumuten. Nicht immer ist in Mecklenburg strahlender Sonnenschein, der vier Kilometer lange Schulweg ist unpassierbar, von wochenlangem Regen im Herbst und Frühjahr aufgeweicht, es stürmt und die Kinder kommen durchnässt zur Schule und wieder heim. Sie bleiben im Schnee stecken und auch mit dem Pferdefuhrwerk ist nicht durchzukommen, so wie ehedem auf der Zugangsstraße zur Bezirkshauptstadt. Viele Kinder werden seinerzeit auf dem Wege dorthin auf dem Fuhrwerk geboren.

Die drei Klassen Mittelschule sind mehr oder weniger ein Kampfplatz. Kinder aller Altersgruppen, unter- und überfordert, überalterte Nachkriegskinder, bunt zusammengewürfelte soziale Verhältnisse, unglückliche und glücklose Lehrer neben wenigen fähigen Lehrern, die den schwierigen Verhältnissen nicht nur mit gutem Willen und Fachkenntnis sondern auch mit Durchsetzungsvermögen begegnen, bilden eine Mühle, die das idyllische Kinderdasein abrupt beenden. Sie weiß von vielem nicht, wieso ihr das passiert.

In dieser Welt findet sie sich nicht wirklich zurecht und wird auch nicht von ihr angenommen. So war es auch schon ihrem Halbbruder mit den blauen Augen ergangen, der sich weder gegen die rüden Mitschüler noch gegen einige ebensolche Lehrer wehren konnte. »Was, Florian, du willst Abitur machen?«, hatte einer der Lehrer höhnisch gefragt. Der jüngste Bruder hat das später als Schulinspektor, selber Diplomlehrer, ganz grade gerückt.

Sie liebt den Deutschunterricht und den Chor, wofür sie die Strecke auch gerne zwei mal am Tag zurücklegt, Wege sind nicht ihr Problem, sie lebt sie ja. Gewohnt, ihre Meinung zu sagen, legt sie sich mit Mitschülern und Lehrern an und fühlt sich verschattet. Sie leidet, steckt aber trotzig ein, selbst wenn es manchmal Prügel mit den Jungen gibt.

Später weiß sie, was viele Lehrer dort geleistet haben und ist ihnen dankbar. Sie haben sie nicht verstanden, aber in einem solchen Betrieb kann man kaum auf die Idee kommen, dass so ein kleiner Mensch das erwartet. Die Lehrer müssen selber um ihre Existenz kämpfen und sie merkt, nicht alle schaffen es. Ihre Deutschlehrerinnen hat sie aber geliebt. Nie vergisst sie die mitfühlende Bemerkung einer schon älteren Lehrerin, die als Autorität galt, es sei wohl heute ein schwerer Tag für sie, als sie einen Tadel bekommen hatte. Sie hatte völlig überflüssigerweise eine Mitschülerin gegen die angebliche Belästigung von Mitschülern verteidigt, der die Belästigung wohl gar keine gewesen war.

Dass manche Lehrer in den Zynismus abgleiten und auch zutiefst verletzende Fehleinschätzungen abgeben, muss nicht entschuldigt werden. »Ruhe, ich muss wissenschaftlich arbeiten!« hat ihr Bruder gerufen, wenn er für sein Landwirtschaftsdiplom lernte, Abitur hatte er da schon.

In diesem Ort, der erheblich größer ist als ihr kleines Dörfchen, gibt es eine katholische und eine evangelische

Kirche. Die evangelische Kirche ist eine der typischen mecklenburgischen Backsteinbauten, mit Kirchhof drumherum. Da die Kinder katholisch sind, gehen sie in das kleinere Holzkirchlein, auf dem Wege zur Schule gelegen. Der Vater, selber evangelisch, hatte einer katholischen Erziehung seiner Kinder zugestimmt. Das war zur Bedingung für seine zweite Eheschließung gemacht worden. Ich kann mich ohnehin nicht erinnern, dass mein Vater irgendwelche dogmatischen Anschauungen gehabt hätte und einer Ehe mit meiner Mutter sollte so etwas wohl keinesfalls im Wege stehen.

Die katholische Kirche ist ein sehr bescheidener Bau, aber mit Glockenturm und einem wunderschönen, großen Marienbild über dem Altar. Dazu gibt es immer Blumen, sehr oft Hortensien, und auf dem Altar liegt stets eine weiße Decke mit Spitzenumrandung. Diese Dinge prägen ein lebenslanges, ästhetisches Empfinden. Dazu kommt der Glockenklang, den sie bis in ihr Dorf hört, noch jetzt.

Nicht annehmen kann sie das Messritual. Es wundert sie ohne dass sie es bewundern könnte. Ihr Verstand protestiert. Und wieso sie zu der Gemeinde gehören soll, das wird ihr auch nicht klar. Das Fräulein gehört ja gar nicht zu dem Dorf, ebenso wenig wie ihre Eltern Einheimische sind.

Das merkst du ganz genau. Aber die Botschaft, Zuwendung, Vergebung und Emanzipation des Menschen zu göttlichen Maßstäben, das gibt eine Perspektive. Auch der neue Pfarrer setzt Maßstäbe. Intellektuell ganz offensichtlich weit über dem Anspruch der einfachen bäuerlichen Gemeinde stehend, aus Ostpreußen kommend, tut er seinen Dienst bescheiden und voller Demut. Mit uns Kindern geht er etwas linkisch um, lässt uns aber zu Ostern im Pfarrgarten Eier suchen und die Staniolnaschereien, die aus dem Westen geschickt wurden. Er weist immer wieder darauf hin, mit wie viel Liebe die Nonnen die Altardecken und liturgischen Gewänder angefertigt haben.

Und auf die klassische Frage, warum Gott, der doch allmächtig sei, die Menschen so mangelhaft verfasst habe, gibt er die bis heute einzig tragende, vor der Verzweiflung bewahrende Antwort, das sei so, weil der Mensch sich aus eigener Kraft und Einsicht von allem befreien solle, was ihn hemme, seinem Glück im Wege stehe, ihn unchristlich sein lasse.

Der Mensch nicht als Befehlsempfänger, sondern als sein eigener Geburtshelfer, die Religion dazu als Leitfaden. So gerät sie nicht in Widerspruch zur kommunistischen Idee, eine Herausforderung und Zuversicht. Beide scheinen das Ideal der Freiheit und des selbstbestimmten Handelns zu verfolgen. Aber welcher Weg, welche Mittel dahin richtig sind, das trennt uns Menschen.

Bis heute hat dieser Pfarrer, Nachfahre eines gewissen Telefonerfinders Reis, damit verhindert, dass sie aus der Kirche austritt. Mit deren Institution und ihrem Machtanspruch identifiziert sie sich ebenso wenig wie mit gleichviel welcher Diktatur. Der Pfarrer gibt auch die notwendige Geduld, zu sehen, dass wir noch bei Kain und Abel sind und sogar zu verstehen, was zu Unrecht fehlende Anerkennung bewirken kann und dass immer darum der Kampf geht, der Kampf um Liebe und Anerkennung. Wir sind noch am Anfang.

Man muss sich empören.

Ihre Mutter macht das vor, selbstbestimmt handeln. Sie lauert den Schweizern und Pferdepflegern so lange auf, hält ihnen ihre Versäumnisse vor und greift selber ein, bis sie ihr drohen, dass, wenn sie nicht eine Frau wäre, sie sich wohl schon vergessen hätten. Ihre Mutter beeindruckt das nicht. Ganz unbefugt erneuert meine Mutter die Einstreu der Pferde, damit diese keine entzündeten Hufe bekommen. Auch kümmert sie sich um vernachlässigte Hofhunde, streunende Katzen und sonstige Missstände.

In ihrem Dorf fühlt sich das Fräulein heimisch.

Zuerst gibt es einen ganz lustigen Pastor und noch Kathechetenunterricht in der Schule und ihre Familie besucht auch wiederholt die Messe. Sie hat in der kleinen Kirche Kommunion und auch noch Firmung. Dann wird der Religionsunterricht in der Schule abgeschafft, der Pfarrer wechselt und es gibt zu Hause Diskussionen. Sollen die Kinder an der vom Staat eingeführten Jugendweihe teilnehmen? Darf die Kirche die Eltern vor eine Entscheidung stellen? Welche Auswirkungen wird das haben?

Darf der Staat Kinder von weiterführenden Bildungen ausschließen, wenn die Kinder nicht an der Jugendweihe teilnehmen?

Geht man soweit, beide Institutionen abzulehnen, Kirche und Staat, weil beide einen Übergriff auf den freien Menschen leisten und mehr noch, in sein Leben nachteilig eingreifen?

Tut man das selbst dann, wenn man sowohl gläubig ist, als auch das aufbauen will, was man für eine fortschrittliche Gesellschaft hält?

Wieso wird das überhaupt zum Widerspruch gemacht?

Der Mensch, ein freies Geschöpf, auch in einer Diktatur?

Hat die Kirche selber so viel Gottvertrauen, dass sie die ihrer Meinung nach Verirrungen der Gläubigen zulässt, sie nicht verstößt?

Welchen Begriff von Freiheit hat man überhaupt, umstellt von gerade überstandenem, unverstandenem Nationalsozialismus? Lassen andauernde Nachkriegsnot und die Erfahrung eigener unterprivilegierter Kindheit grundsätzliche Zweifel an dem zu, was nun eine gerechtere Gesellschaft verspricht und an denen, die sie aufzubauen behaupten? Wo ist angesichts der Not Raum für philosophische Grundsatzpositionen? Und noch fehlt uns auch das geistige Rüstzeug dafür.

Sehen die Kinder selber einen Widerspruch? Geht es nur um die Lehre, die Überzeugungen, oder sollen die Menschen moderne Leibeigene sein? Du, Jugendlicher, gehörst fortan diesem Staat, nicht dir selber? Du gehörst der Kirche? Die einen werden eine Mauer bauen, die anderen verhängen den Kirchenbann, eine Inquisition geht ja leider nicht mehr.

Sie ist aus Stolz nie wieder zur Kommunion gegangen, auch als der Bann aufgehoben wurde.

Ist das die Stelle, wo man sich öffentlich empören muss, gegen beide?

Und dann bist du vogelfrei.

Es gibt einen Riss. Tatjana, die hier schon alleine entscheiden muss, lässt die Jugendweihe zu, die Kirche reagiert mit Exkommunikation. Den Kindern macht das nichts aus, das Fräulein ist noch zu klein für Konflikte dieser Art, reagiert aber instinktiv, und die Jungen haben eine einfache Entscheidungsgrundlage. Diese Not kann nicht bleiben und die Kirche wird sie nicht grundsätzlich verändern. Sie werden selber etwas tun. Und das tun sie später auch; Heinrich Heine eben.

Der Pfarrer besucht die Familie manchmal. Er ist ein sehr besonnener, kluger Mann, äußerst bescheiden. Ihm liegt das Wohl der Familie am Herzen, einer Familie, in der so vieles nicht seinen Vorstellungen entspricht. Uns Kinder bezeichnet er als Adler ohne Flügel. Er hält doch zu uns.

Er erkennt die Not der Frau, die dem katholischen Glauben anhängt, welcher ihr eine Ehescheidung untersagt. Die katholische Kirche ist der Frau eine Heimat. So nimmt sie später heimlich eine Nottaufe ihrer ungetauften Enkel vor. Sie hält sie einfach über das Abwaschbecken und benutzt den Wasserhahn als Weihwasserspender.

Ihr Mann hat inzwischen ein Angebot erhalten, in der Bezirksstadt eine der Filialen der neu gegründeten Handwerkergenossenschaften zu leiten. Jeder weiß, dass er das kann. Und er macht das sehr gut.

Die Ehe ist zerlaufen. Tatjana ersucht um eine Audienz bei dem katholischen Bischof, der in der Bezirkshauptstadt residiert. Sie erhält den Bescheid, dass die katholische Kirche der Auflösung einer Ehe dann zustimmt, wenn sie Gefahr für das leibliche und/oder seelische Wohl eines der Partner erkennt und dass man das in ihrem Falle auch so sähe.

Das Fräulein begleitet sie auf solchen Wegen, wie auch früher zum Zahnarzt in das vier Kilometer entfernte Dorf. Tatjana muss ein Backenzahn gezogen werden, ohne Betäubung, weil im Kiefer eine Gasansammlung ist. Auf dem Rückweg singt sie ihrer Mutter ständig etwas vor um sie abzulenken. Sie gehen auch mit einem Schlitten zu der acht Kilometer entfernten Poststation, um ein Paket abzuholen, da ist das Fräulein noch kleiner. Es ist Weihnachten und der Postbote kommt wegen des hohen Schnees nicht durch. In dem Paket sind knallrote, hohe, pelzgefütterte Lederschuhe zum Schnüren, mit Ösen. Aus Kaufbeuren. Zusammen gehen sie in die Poliklinik, wo Tatjanas Knie punktiert wird. Es ist angeschwollen, man kann keine Betäubung spritzen. Das Fräulein begleitet sie im Krankenwagen zur Geburtsklinik. Als sie ankommen, ist das Baby schon fast geboren. Tatjana hält das und viel mehr aus.

Und doch wird das Fräulein, ihre Tochter, die sie möglichst begleitet, sie verlassen müssen.

Tatjana reicht die Scheidung ein, den Kindern tut ihr Vater leid, er liebt seine Kinder und, wie sie wissen, auch seine Frau. Und was hat er nicht schon alles unternommen in seinem Leben! Sie haben gesehen und gehört, dass es nicht geht, sie stimmen der Scheidung zu, sie wollen auch nicht, dass ihre Mutter länger leidet.

Ihre Mutter versucht gerecht zu sein, sie anerkennt die Leistungen des Vaters, ihre Verletzungen kann sie nicht verbergen. Als größten Gewinn ihres Lebens betrachtet sie die Kinder, die, wie sie wiederholt sagt, ohne diese Ehe nicht am Leben wären. Die Kinder, ein Gewinn. Sie erkennt nicht, dass sie dieses Gefühl nicht allen Kindern gleichermaßen vermittelt hat und wenn, dann rechtet sie herum und sucht Gründe.

Die Kinder sind inzwischen fast alle groß. Sie sind auf dem Gymnasium, Erweiterte Oberschule genannt, studieren oder sind schon berufstätig. Alle haben weite Wege, um nach Hause zu kommen, nehmen diese aber auf sich. Zwischen Zug und Bus und langen Fußwegen, beladen mit Gepäck, können sie Zwischenstation bei Ihrem Vater machen, wo sie auch Fahrräder abstellen können. Das hält den Kontakt, verhindert Entfremdung und tröstet Vater und Kinder.

Da die Zeit immer knapp ist, fahren sie oft lieber mit dem Fahrrad in die Bezirksstadt, direkt zum Zuganschluss. Es wiederholt sich, was schon für die entfernte Dorfschule galt, bei jedem Wetter müssen sie von zu Hause fort, oft in Eile. Die Schule findet auch samstags statt, am Sonntagnachmittag müssen sie schon wieder zurück. Meistens gehen sie mit bangem Herzen, denn es müsste zu Hause noch so viel gemacht werden. Sie fahren in Internate, wo sich keiner von ihnen wohl fühlt.

Die Mutter ist mit Garten, Kleinvieh und Arbeit in der LPG allein. Und da nicht genug von allem da ist, muss die mitgebrachte Kleidung gleich gewaschen und gebügelt werden. So wird sprichwörtlich, was der zweitälteste Bruder, der mit den blauen Augen, der mit der Landwirtschaft, sagt: »Da kannst du drei Unterhosen haben, wenn du eine brauchst, ist keine da!«

Ein andermal hatte er festgestellt, dass es immer genug und abwechslungsreich zu essen gäbe, morgens Eier und ein »Gegrüßet seist du, Maria«, mittags Eier und das »Vaterunser« und abends Eier und den »Rosenkranz«.

Wie schnell du auch läufst, es bleibt immer etwas Arbeit übrig.

»Eins jagt das andere«, hatte sie einmal in einem Brief an die Verwandtschaft geschrieben, wurde ebenfalls sprichwörtlich.

Allzuviel Zeit zum Erzählen ist nicht und so erzählt das Fräulein auch nicht, wie schrecklich sie sich in dem Internat fühlt. Zu Hause ist sie der Sonnenschein, tatsächlich ist sie eigentlich fröhlich, und ihre Mutter verlässt sich mit Recht auf ihre Tatkraft. Und es ist die Mutter, die gestützt werden muss. So schluckt sie manche Enttäuschung herunter und packt an, kaum, dass sie zu Hause ist, wie auch ihre Brüder.

Im Internat lernt das junge Mädchen ein für allemal die Brutalität des Normalen kennen. Was sich in der vorherigen Dorfschule andeutete, das wird jetzt überdeutlich, jetzt, wo sie keine Ausflucht mehr hat, sie passt irgendwie nicht.

So fühlt sie sich weitgehend ausgeschlossen. Sie ist irgendwie weltfremd, weiß nie Bescheid, sei naiv. Inzwischen weiß sie, dass das auch ein Qualitätsmerkmal sein kann. Die anderen Mädchen kommen auch vom Dorf, sie scheinen doch andere Seelen zu haben.

Dass es doch ein paar Mitschülerinnen gibt, die zu ihr passen, das stellt sich erst am Ende der vier Jahre heraus und nur eine von ihnen ist auch im Internat.

Die anderen haben ihr vielleicht einen größeren Grad an Sicherheit voraus, sie lassen sie spüren, dass sie nicht passt. Sie passt auch nicht in das Mädchenbild der Zeit und sie fragt sich andere Dinge. Wahrscheinlich ist es wieder niemandes Schuld, aber wenn du schon weißt, dass du dich besser nicht zum Tanzstundenunterricht anmeldest, weil du keinen Partner haben wirst, dann ist der eiserne Vorhang schon gefallen. Du erlebst, dass sich alle in berechtigter Freude über deinen jährlichen wunderbaren Geburtstagskuchen deiner Tanten aus dem Westen hermachen, denn du teilst. Am nächsten Tag fällst du in eine wassergefüllte Schüssel unterm Bettlaken, also kennst du deine Position. Du vergisst sie nicht mehr. Du gestehst zu, dass es für die Täter irgendetwas ist, das eben so auch mal passiert. Sie sind auch sowieso die Normalen. Du bist die Überempfindliche, du nimmst alles zu ernst und so weiter, das ganze Blabla, das Herzlosigkeit, Desinteresse, eigene Leere und Seelenlosigkeit kaschieren soll, vielleicht auch nur die Langeweile,Quelle schlimmster Übel. Jetzt, wo du schon so alt bist, verstehst du, dass deine Mitbewohner eben tatsächlich weitgehend einfach nur normal waren, was immer das auch ist. Du siehst dich immer noch weinend vor der Zimmertüre stehen.

Es stimmt eben nicht, dass man die Leute nur zusammenzusperren brauchte, sie stimmten sich dann ab.

Es ist nachhaltig grausam. Auch die Erzieher, soweit sie an solchen Vorgängen überhaupt interessiert sind, wissen, dass da nichts zu machen ist, bis heute nicht.

Du bist die Einzelgängerin. Dass man davor Respekt haben kann, das lernt sie hier aber auch. Und nun hilft die Literatur, das Gedicht, Goethe. »Was klagst du über Feinde? Sollten solche je werden Freunde, denen das Wesen wie du es bist, im Stillen ein ewiger Vorwurf ist?«, liest sie.

Das ist ein Aha-Erlebnis, woher wusste dieser so große Mann um solches? Erst Jahrzehnte später liest du das bei Sigrid Damm und bei Rüdiger Safranski.

Sie verschlingt die klassische Literatur geradezu. Hier stehen sie, die Antworten, in wenigen Versen zusammengefasst. Hier steht, was gefragt werden muss. Hier trifft sie ihre eigenen Beobachtungen. Es ist, als habe sich eine Lichtung aufgetan. Und so wie sie alle sagen, dass sie endlich an einer Quelle ihre vom langen Suchen schon ermatteten Glieder erquicken könnten, so fühlt sie sich auch. Sie fühlt sich verwandt und sie, die Dichtung, ist ihre Quelle.

Auch ihre Lehrer sind ihre Rettung und auch, dass ihr nächst ältester Bruder ebenfalls zweieinhalb Jahre zusammen mit ihr hier ist. Er teilt alles mit ihr.

Sie weiß, dass sie ihm bedingungslos vertrauen kann. In ihre sonstige Umwelt hat sie kein Vertrauen mehr.

Dass sie längst nicht immer einer Meinung sind, beeinträchtigt weder ihren gegenseitigen Respekt noch ihre Zuneigung zueinander. Sie sehen und verstehen ihre jeweiligen Nöte, zum Teil sind es dieselben, und handeln gemeinsam, wo es geht. Und wenn sich seine Angelschnüre mal wieder in tausend Schlingen verfitzt haben, kann sie geduldig und ruhig mithelfen, bis ihr Bruder unter Gefluche alles wieder entwirrt hat. Angeln ist doch sein größtes Hobby, und schau mal, wenn die Dämmerung über dem See hochsteigt.

Auch zu Hause arbeiten sie zusammen.

Und das bleibt so bei.

Die Schule ist in Holzbaracken untergebracht, daneben gleich ein Wiesengrund.

Ihre Lehrer sind großenteils Humanisten. Sie eröffnen ihr die Welt der Literatur, die der Musik und Kunst. Hier gibt es Geistes- und Seelennahrung. Honorig fördern sie sie in dem, was sie gut kann und liebt und sehen mit einer gewissen Großzügigkeit über ihre Schwächen hinweg. Auch hier geht es einmal monatlich in das Schweriner Staatstheater.

So wächst alles, das Wissen, die Liebe zu Kreatur und Schöpfung, der Ruf nach Wahrhaftigkeit und gegebenenfalls die Unbeugsamkeit.

Ihre Einsamkeit fällt ihr schwer, ihre Kraft und unabhängige Freude über das Leben erhalten sie.

Dass sie Anspruch auf Beachtung hat, das scheint ihr selbstverständlich.

Zu ihrer Zeit schließt die Schulzeit in der gymnasialen Oberstufe eine Ausbildung in einem Beruf ein, der in der Region üblich ist und für den es daher Ausbildungsstätten gibt. Nach einem Fehlstart als Geflügelfachfrau in einem anderen Dorf, ihre Mutter arbeitet zu der Zeit in der Vorzeigegeflügelfarm des Dorfes, entscheidet sie sich dafür, Molkereifacharbeiterin zu lernen. Das heißt turnusmäßig alle paar Monate ein paar Wochen in der ortsansässigen Molkerei ihres Schulortes zu arbeiten und dort alle Abteilungen zu durchlaufen.

Morgens um fünf Uhr geht es schon los, Anlieferung der Milch aus den vielen umliegenden Dörfern. Fuhren bringen die Milch in großen Milchkannen, die einzeln von einem Förderband abgekippt werden und deren Inhalt gewogen und registriert werden muss. Irgendwie imponiert ihr das, wie Milch von überall her kommt. Es ist so wie die Erntewagen von den Feldern, die von allen Seiten in die dörflichen Scheunen fahren.

Das muss alles recht schnell gehen und das ist nicht ihr Ding. Durch die Aus- und Eingänge für die Förderbänder zieht es wie die sprichwörtliche Hechtsuppe.

Auch der Maschinenraum mit seinem Leitungsgeflecht ist eher eine Horrorvorstellung. Sie träumt, sie habe den Milchstrom statt in die Tanks für Sahne, Magermilch und Trinkmilch nach draußen geleitet. Eine sinnliche Vorstellung jedoch von dem, was ein Versorgungssystem ist und wie bedeutend es für das Ganze ist, das vermitteln dieser Raum und seine Ausleger. Sie zieht Parallelen zu dem Aderngeflecht in ihrem Körper und der Kanalisation unter der Erde, beide eher verborgen arbeitend. Sehr viel später überträgt sich auch dieses Bewusstsein auf die Natur als Gesamtsystem. Und zu der Bewunderung über deren nie versiegende Schöpferkraft und über ihre Schönheit gesellt sich das Bewusstsein ihrer Verletzlichkeit.

Der Maschinenraum bleibt für sie ein Mysterium, aber da gibt es ja noch die Butterei.

Im erhöhten Vorraum steht der riesige Sahnetank.

Der Kellermeister mischt Milch und Kultur zum richtigen Zeitpunkt in der richtigen Menge und spricht, so scheints ihr, die Zauberformel. Dann dreht sich ein Rührwerk, der Tank summt leise. Ab und zu nimmt der Meister eine Probe. Am frühen Vormittag wird die gereifte Sahne in das einen Raum tiefer gelegene Butterfass gelassen, mittels Rohleitung.

Das Butterfass ist eine große Trommel, die auf zwei stabilen Halterungen ruht, eingemauert in ein erhöhtes Podest, damit Platz für die Auffangwanne bleibt. Zuerst dreht sich das Fass ganz geräuschlos, gemächlich. Allmählich ist ein leichter Schlaggang bemerkbar. Er wird immer kräftiger und lauter, bis der Buttermeister das Fass anhält. Unter die Klappe wird eine große, hohe Stahlwanne geschoben und die Klappe wird geöffnet. Mit einem lauten, triumphalen Klatsch fällt ein riesiger, goldgelber Butterklumpen heraus, Milchgold. Es folgt Buttermilch, die mit der des Supermarktes nur den Namen gemeinsam hat.

Wir Mädchen haben nicht viel beigetragen, aber so als hätten wir, wird erst mal Vesper gehalten. Umhüllt von dem Duft der Butter und der Buttermilch essen wir mitgebrachte Brote und trinken dazu die Buttermilch, die vor Butterklümpchen strotzt. Literweise können wir sie trinken, niemanden kümmert das. Auch von der frischen Butter essen wir vom Löffel, Kraft und Lebensfreude für jetzt und später. Dann füllen wir die Buttermasse in den Trichter der Abpackmaschine und die macht Päckchen, wir packen sie in Kartons und tragen diese in den Kühlraum, wo sie gestapelt und registriert werden. Für heutige Begriffe ist das vorsintflutlich, mir hat es die sinnliche Wahrnehmung von der Entstehung dieses wunderbaren Lebensmittels Butter ermöglicht. Und das frische Aroma dieser Butter ist schon im Supermarkt nicht mehr zu finden.

Kühe auf der Wiese, ihre Aufzucht und Vermehrung, ob natürlich oder durch künstliche Besamung, mehrere Kalbungen habe ich miterlebt, das Melken, die Wiesen- und Stallhaltung, alles das kannte ich längst.

Bis auf die eigene Herstellung von Quark, meine Mutter machte ihn selber, kannte ich aber keine Weiterverarbeitung von Milch.

Ist die Tagesportion an Butter verpackt, geht es ans Sauber machen. Jeden Tag von neuem muss alles, Kacheln, Fußboden, Gerätschaften, Kleidung, Tanks, jedweder Gegenstand aufs Peinlichste gesäubert werden. Wir arbeiten Hand in Hand und uns wird nichts zu viel.

Dabei wird gescherzt und gelacht, denn die Vorarbeiterin ist eine lebensfrohe und tatkräftige Frau. Frau Klein heißt sie, klein ist sie, groß im Geiste und Herzen ist sie.

Ihr Mann ist auch klein. Sie wohnen in einer schlicht eingerichteten Wohnung, mit dem typischen, einfachen Nachkriegsstandard. Der Mann macht Wein, sauer, aber genau. Sie sind überaus herzlich, sie kommen auch aus den Sudeten und haben tragisch einen Sohn verloren. Der zweite ist nicht vor Ort, aber sie haben Enkelkinder. Darum kümmern sie sich und um ihren Schrebergarten, um Brot und Wein.

Wenn sie es nicht mehr im Internat aushält, geht sie die Leutchen besuchen, die sich jedes mal freuen.

Sie zeigen ihr auch, wo man an Freibankfleisch herankommt. Freibankfleisch ist Fleisch, das nicht den normalen Weg über Bauer, Schlachterei und Handel gegangen ist. Es kommt von notgeschlachteten Tieren, ist tierärztlich untersucht und für den sofortigen Verkauf freigegeben und es ist billiger als üblich. Dazu muss man sehr früh aufstehen und sich bei dem entsprechenden Fleischer anstellen. Damit das geht, darf sie bei ihnen schlafen. Es sind noch die Betten, in denen man versinkt. Nur an bestimmten Tagen wird Fleisch von notgeschlachteten Tieren verkauft. Das nimmt sie am Samstag mit nach Hause. Hier ist es hochwillkommen, denn der Bedarf an Fleisch kann durch den Dorfkonsum kaum gedeckt werden. Fleisch ist, wie so vieles andere auch, Mangelware, das ändert auch das Landleben nicht. Außer Federvieh halten die Leute kaum noch Schlachtvieh. Die dafür nötigen Stallungen, das Futter und auch der große Arbeitsaufwand sind nicht mehr verfügbar.

Für die theoretische Ausbildung ist nolens volens der Direktor der Molkerei zuständig gemacht worden. Völlig unvorbereitet sitzt er vor dem Kreis der jungen, lebensstrotzenden Mädchen und leitet jeden zweiten Satz mit dem Zusatz ein »Wolln ma sagen«. Wir kichern, der Mann wird immer verlegener, aber irgendwie geht es und niemand meint etwas böse.

Die richtige theoretische Ausbildung findet zwei mal jährlich an der Berufsfachschule für Molkerei- und Brauereiwesen in Dresden statt, drei Wochen im Sommer und drei im Winter. Wieder entferne ich mich ein Stück weiter von zu Hause.

Der Unterricht ist angenehm, ebenfalls die Unterbringung in einem steinalten Haus; riesig und mit vielen Treppen bis ganz oben.

Die Sensation jedoch ist die Stadt. Wäre es Venedig gewesen, ich hätte kaum beeindruckter sein können, noch mich freier und identischer gefühlt haben.

Zum Glanz der Sonne meines Landes kommen das Funkeln und die unendliche Kunstfertigkeit des Grünen Gewölbes und tausendfach sehe ich mein schönes Altarbild der kleinen Dorfkirche in der Gemäldegalerie wieder. Stilleben zeigen mir die Kunstform dessen, was ich schon jahrelang pflanze und pflege. Es war es ihnen wert. Ich bin es also doch wert.

Was ist der Mensch, wie viele Bilder fragen das auch. Landschaften und ihre Stimmungen, Goethes Naturanschauung, zu allen Zeiten, gemalt von so vielen.

Und dann die Farben. Und der Wechsel, die Variation.

Ich trete herein und fühle mich im Palast begrüßt. Und dieses Empfinden ändert sich nie, zum ersten mal im Louvre, Jahrzehnte später, bin ich zu Tränen gerührt. Seit zwanzig Jahren mache ich nun selber Ausstellungen mit Künstlern aus Osteuropa.

An einem Sommerabend im Zwinger ein Mozartkonzert, mein Wiesengrund in Barock. Ausflüge nach Pillnitz und zur Moritzburg. Ich vergesse schon nicht, welche Armut diese Pracht für den einfachen Menschen bedingt hat, aber ich bin ästhetisch überwältigt, bei jedem Aufenthalt von neuem.

Ich bin befreit. Ich bin gemeint. Es ist das Pendant zu meinen Wurzeln, Naives und Raffiniertes sind aus dem gleichen Stoff, beides ist echt. Als Erwachsene besuche ich mehrmals das Dalimuseum in Figures und dessen Gegenstück, das Museum für Naive Kunst bei Perpignan, beides mit gleichem Vergnügen und Gewinn.

Im Jahre 1966 ist das Abitur geschafft.

Ich bin jetzt achtzehn Jahre alt, sehr jung, aber in mir sind schon ungeheuer viele Eindrücke; ich bin froh, dass ich bisher so heil, wie ich meine, aus dem Ganzen heraus gekommen bin. Jetzt will ich doch endlich ein Ich sein, das Fräulein ist groß.

Beide Eltern haben neue Partnerschaften.

Mein Vater baut ein neues Haus, mit der neuen Familie. Wir gönnen es ihm und wie immer hilft mein nächst ältester Bruder, einer, der alles kann und auch macht.

4. Kapitel

Die neue Zeit

Meine Mutter, Anita, nun nicht mehr Tatjana, diese Ära ist vorbei und damit endlich ein guter Teil der Vergangenheitsbewältigung, nimmt sich einen neuen Mann, einen Landarbeiter aus dem Dorf.

Sie heiratet ihn nach einigen Jahren.

Ein einfacher Mensch. Er lässt meine Mutter sein, was sie ist. Wenn auch nicht alles von ihr abfällt, was sich mit der alten Heimat verbindet, der ganzen unglücklichen Kindheit, Jugend und Ehe, so ist es doch eine Zäsur. Ein neues Leben unter ganz anderem Vorzeichen, beginnt. Jetzt ist sie wirklich Anita, ihr Rufname.

Dieser Mann, der begehrteste Junggeselle im Dorf, hatte schon vor Jahren erklärt, dass nur eine Frau im Dorf für ihn in Frage käme, meine Mutter. Er hat sich ihr nie genähert.

Da diese Person ja vier Kinder hat und verheiratet ist, nimmt das niemand ernst. Er tut es. Er trifft meine Mutter, da lebt sie bereits längere Zeit von ihrem Mann getrennt, kurz vor Weihnachten im Dorf. Er drückt ihr schüchtern die Hand, murmelt etwas wie, dass sie zu Weihnachten sicher etwas für ihre Kinder brauche. Sie schaut zu Hause nach, es ist ein beträchtlicher Geldbetrag, erarbeitet auf dem Feld. Sie weiß schon, von wem das kommt, ein Albrecht.

Feldarbeit kann er. Vieles andere auch. Nach der russischen Gefangenschaft päppelt ihn einer der Großbauern in unserem Dorf hoch, von fünfzig Kilogramm Gewicht bei einer Größe von einem Meter und vierundneunzig Zentimetern zu einem Lebendgewicht.

Er sollte es nicht bereuen. Kein Packen Heu ist zu schwer, kein Heuwagen zu hoch, auf den man von unten mit der Heugabel den ganzen Tag die Ballen nach oben staken muss. Er geht dem jungen Bauern zur Hand, Feldarbeit, Stallarbeit, wochentags und an allen anderen Tagen auch. Das Wetter richtet sich nicht nach dem Kalender.

Die LPG wird gegründet, Bauern und Landarbeiter sind jetzt Genossen. Sie sollen eine Genossenschaft haben, Landwirtschaftliche Produktionsgenossenschaft. Das persönliche Eigentum eines Bauern, Vieh, Felder, ja sogar die Höfe, soll in den Gemeinschaftsbesitz von Genossenschaftern eingebracht, vergesellschaftet werden. Etwas Kleinvieh können sie behalten. Eine minimale Entschädigung tröstet nicht über den Verlust.

Die Bauern fühlen sich enteignet und sind es auch.

Oft jahrhundertelanger Besitz der Familie, kriegst du das aus Kopf und Herz? Und auch sie haben geschuftet, die Bauersfrauen meistens für drei: Stall, Küche,Kinder plus Feldarbeit.

Knechte, Mägde, Saisonarbeiter, das war doch jahrhundertelang in Ordnung, oder?

Die Jungen helfen agitieren, die meisten Bauern treten ein. Viele flüchten, nun eine Binnenvertreibung. Die bleiben, wollen ihr Land und ihre Höfe nicht verlassen. Mein Bruder bestaunt die Diplome der Landwirtschaftsschule in eines Bauern Stube.

Wer wird Leiter der Feldwirtschaft, wer der Viehzucht? Wer organisiert die Verwaltung, den Einsatz der Leute und die Koordination der Arbeitskreisläufe etc.?

Wer hat denn nun Ahnung von Ackerbau und Viehzucht?

Die Positionen wechseln, jede Menge Schwierigkeiten bleiben, überall. Die Traktoren können nicht auf die Felder, weil der schwere mecklenburgische Boden von Schnee und Regen zu aufgeweicht ist. Sie versinken. Die Ernte kann nicht eingebracht werden, weil das nasse

Getreide faulen würde. Es liegt vom Windbruch danieder und keimt aus. Die jungen Rinder, die Stärken, sind mal wieder ausgebrochen, die Zäune waren nicht dicht, zu altersschwach oder sonst was. Alle müssen suchen.

Die Schweine stinken wie immer, haben dazu aber auch den Rotlauf. Die Schweizer sind besoffen und haben das Vieh auf der Weide nicht getränkt. Es brüllt und bricht aus. Meine kleine Mutter, einen Meter und sechzig groß, kümmert sich um das Vieh und um die Schweizer. Sie drohen ihr, ihre Wut ist größer.

Die Maschinen- und Traktorenstation, stolze Brüder, denn ohne sie läuft nichts, braucht Ersatzteile.

Dafür gibt es schon Leute auf Bezirksebene, die, selber Techniker und von außerordentlichem Organisationstalent, das Benötigte heranschaffen. Sie sind immer unterwegs und kennen die Lage. Das erkennen Leute an, Fachleute, die nach 1990 dorthin kommen, aus dem Westen in den Osten.

Dazu kommen aber auch unsinnige Anordnungen. Die Kühe müssen das nicht verstanden haben mit dem Siegen lernen von der Sowjetunion, sie gehen in den Offenställen von Kälte und Nässe ein. Meine Mutter, die von natürlichem Mitgefühl für die Kreatur ist, versucht ihr Bestes, auch schon morgens ab fünf Uhr und wir Kinder helfen, vielen Kälbern ist dennoch nicht zu helfen.

Sie sterben kläglich.

Dem Chaos bietet Einhalt eine Familie, die in meiner schon späteren Kindheit in unser Dorf zieht. Der Mann, ein Hüne, ist Zootechniker, bald aber auch LPG-Vorsitzender. Er ist überall, zu jeder Zeit. Ein General, aber ohne Truppen, allerdings mit der berühmten tüchtigen Frau im Hintergrund, und auch nicht immer mit den klügsten Oberbefehlshabern, wie er einmal sagte, nach vielen Jahren überdurchschnittlichen Einsatzes. Woher bekommt man einen Herzinfarkt, von zu vielem Rauchen und/oder einem derartig aufreibenden Leben?

Unter seiner Führung blüht die Landwirtschaftliche Produktionsgenossenschaft auf, die Erträge sind gut, die Ställe liefern und es gibt eine gute Jahresendprämie.

Kein Reichtum breitet sich aus, aber ein gut auskömmliches Leben ist gesichert. Der Mensch sieht, was er hergestellt hat. Er sieht, es ist gut. Strittmatter schreibt sein »Tinko«, es wird Schullektüre. Die Leute erkennen sich, und mein Bruder kann ganze Passagen auswendig. Er schreibt aber auch »Ole Bienkopp« und auch das erkennen die Leute. Strittmatter bekommt Schwierigkeiten.

Mittags können wir wie alle Kinder von LPG-Mitgliedern, in der Genossenschaftsküche essen. Die Köchin, Frau Burgermeister, eine der vielen allein stehenden Frauen aus Pommern, denen Flucht und Vertreibung die lebenslange Aufgabe aufgebürdet haben, die Eltern zu stützen, Ehemann war nicht in Sicht, schmeißt den ganzen Küchenbetrieb fast alleine.

Frau Burgermeister lebt mit ihren alten Eltern in zwei dunklen, kleinen Kammern, die an der Seite der großen Tenne eines Bauerhauses liegen. Nach fünfundfünfzig Jahren sehe ich so eine Behausung wieder, im Freilichtmuseum Klockenhagen, Mecklenburg-Vorpommern. Hätte ich es nicht als Kind gesehen, hätte ich das für eine Fälschung gehalten. So konnten Knechte und Mägde leben?

Der ewige Gestank nach Kampfer und Franzbranntwein von damals liegt mir noch heute in der Nase, eine dauerhafte Assoziation mit Armseligkeit, Muffigkeit und Gebrechlichkeit begründend, gestrandetes Leben symbolisierend.

Die alte Mutter der Frau Burgermeister steht auf dem Küchenvorplatz des Gehöftes, weit über die Wiesensenke schauend, in der unsere Kate liegt, und sagt den nahenden Weltuntergang voraus. Mit Recht, ihre Welt war untergegangen. Sie sieht nicht die Schönheit, die vor ihr liegt.

Ihre Augen sehen nach innen, zu ihrer verlorenen Welt. Diese neue Welt kann nicht mehr ihre werden.

Die Mecklischen meckern, süßsaurer Kohl und so manches ist nicht ihr Ding. Wir sind begeistert und futtern uns dick wie Max und Moritz, für unsere Mutter eine große Hilfe. Ich sehe mich jetzt noch in der Küche sitzen, am blank geputzten, langen, mit Wachstuch bedeckten Tisch. Die Mittagszeit für die Bauern ist längst rum, um mich Erbseneintopf, in dem der Löffel steht, Brathering, Kartoffelbrei, Königsberger Klopse, Kompott und und und. Und mit Frau Burgermeister, glücklich, dass es jemandem derart schmeckt, um mich herum, immer noch etwas anbietend. Scheunen und Ställe der LPG füllen die Tische.

Die Leute schauen auf der Anschlagtafel vor der Küche, wie viele Einheiten sie verdient haben.

Für bestimmte Arbeitsleistungen gibt es eine festgesetzte Menge Einheiten, wonach sich der Verdienst berechnet, der monatliche, die Jahresendprämie und das Deputat an Naturalien, wichtig für die häusliche Wirtschaft. Die Bauern, und das sind sie nun alle, sind stolz, zu Recht.

Sie feiern wieder Erntefest. Krawaller hält unser neuer Mann an beiden Armen von sich gestreckt und setzt sie, fast möchte man sagen »mit einem Krach »vor die Tür. Die Männer fügen sich. Ihre Drohgesten versickern. Die Frauen sind entzückt. Sowieso.

Auch als unser Dorfsaal wegen Baufälligkeit geschlossen werden muss, zieht die Truppe weiter, in den nächsten großen Saal nach Pingelshagen.

Dort, eines Silvesters, passiert es auch; unser langjähriger Verehrer trinkt sich Mut an und fordert unsere Mutter auf, zu allem, wie man bald absieht.

Was wir Kinder denn dazu meinten, wir sind ja schon so um die 13, 16, 17 Jahre alt, werden wir gefragt. Wir meinen,dass das nun so gut ist. Und so ist es.

Anita, ist sie nun wieder, sie ist wieder identisch, und sie zanken sich auch herum. Denn dieses mal hat es auch

Anita erwischt und die »Dorfschönheit X« und die »Person Y« aus der unbekannten Vergangenheit, völlig wirren Nachkriegszeit natürlich, müssen daher disqualifiziert und somit auch erörtert werden; für uns Kinder oft völlig unverständlich.

Es war aber doch wohl Theaterdonner, der Kitt der Liebenden.

Nicht immer so einfach ist auch die Verteidigung der Hegemonien, denn jetzt gibt es zwei überaus Tüchtige im Haus.

Nach Jahren beengten Wohnens wird die zweite Hälfte unserer unsäglichen Kate frei. Mein nächst ältester Bruder entschließt sich, in Absprache mit der LPG, das Haus umzubauen und aus zwei Wohnungen eine zu machen. Er hatte die Chance zu einer nebenher laufenden Berufsausbildung für eine Maurerlehre genutzt. Ich und mein jüngerer Bruder, wir können nur Hilfsarbeiten machen. Mein zweitältester Bruder jedoch, der mit den blauen Augen, inzwischen selber in wechselnden leitenden Positionen in LPG und volkseigenen Gutsbetrieben tätig, nach abgeschlossenem Landwirtschaftsstudium endlich an Ort und Stelle, und mein ganz »Großer Bruder«, Herr von Traktor und Mähdrescher, sie kümmern sich um das notwendige Material und die Transportmöglichkeiten. So wird in mehrjähriger, urlaubsfressender Arbeit langsam ein richtiges Häuschen aus der Bauernkate meiner Kindheit. Wir, die wir Wasser aus dem Dorf holen mussten, haben schließlich ein Bad, eine Jugendstilkachel ist auch eingesetzt.

Als wir am Anfang die Mittelwand, aus Lehm gebaut, einreißen, vorher hat mein Bruder provisorische Stützbalken eingezogen, bibbern wir. Wird das Dachgesims herunterkommen? Nein, es hält. Wir sind vor Staub eine ganze Weile nicht zu sehen. Unter dem Holzdeckel der Kellerluke der anderen Seite, lange nicht benutzt, schaut uns eine zahlreiche Erdkrötensippe an. Man kann sie doch nicht mit Schutt bedecken, also vorsichtig nähern und auf der Kehrschippe raustragen. Wenn sie wegspringen, was dann?

Aber die Erdkröten sind über die Helle so verdutzt, dass sie sich anstandslos eine nach der anderen herausheben und heraustragen lassen. Hier wird nichts Lebendiges eingemauert; ein Neuanfang ohne Opfer.

Wie muss nun was gemacht werden, beide sind gründlich, aber mein Bruder ist immer in Zeitnot. Zuerst sind es noch alle Wochenenden, die er vom Internat kommt, an denen zu Hause etwas gemacht werden kann. Dann sind es schon längere Abstände, denn nun muss er vom Studium aus Berlin kommen, dann sind es die Urlaube, auch von Berlin aus. Und darf man inzwischen an dem Angefangenen meckern oder gar weitermachen? Man einigt sich doch und wie immer, sind die Beiden alleine, gehts wunderbar. Wenn wir großen Kinder da sind, gibts schon mal Zoff, in Grenzen.

Die ewige Umbauerei bei laufendem Haushalt ist für unsere Mutter nicht so leicht. Sie ist in ihren späten Jahren noch zwei mal schwanger. Die zwei hätten sich über eigene Kinder auch noch gefreut, wir auch. Aber beide Kinder werden nicht als lebensfähig geboren. Es ist schon so, gegen Kinder hatte hier niemand je etwas.

Es ist eine neue Zeit. Wir Kinder werden groß und zu Hause endet das Provisorium. Garten und Haus werden in Ordnung gebracht. Nach der Arbeit auf den Feldern gibt es eine Kaffeepause und noch ein paar Stunden im Garten. Es gibt Blumen und alles andere und Erdbeeren, die mein Bruder mit Stroh zudeckt und sagt : keiner soll hungern, keiner soll frieren. Solche Erfahrungen vergisst du nicht, da machst du Politik oder wirst Bauer, oder Lehrer oder organisierst die Landmaschinentechnik. Darin ist ein Glanz. Es ist nicht das Wichtigste, dass du damit reich würdest.

Von den lebend Eingemauerten bei Gründung des Unternehmens, gleich nach dem Krieg und noch viele Jahre danach, wissen wir nichts und es hätte wohl auch nichts genützt. Zu stark sind Hoffnung und selbstgesetzte Verpflichtung, endlich den unterprivilegierten Menschen eine Chance zu geben. Brechts Gedicht vom Siebenthorigen Theben leuchtet uns ein. Wer baute das siebenthorige Theben, wer errichtete Roms Triumphbögen und siegte nur der König? Wohin gingen die Arbeiter, als sie die chinesische Mauer fertig hatten? So fragt Brecht in seinem Gedicht über den lesenden Arbeiter. Und rundherum haben wir sie, Menschen, deren gesellschaftlicher Status, deren Bildungsgrad weit unter ihren Möglichkeiten liegen.

Wer hat sich früher für uns einfache Arbeiter und Bauernkinder interessiert? Wir saßen in der letzten Reihe, erzählt unser Ziehvater. Ob wir etwas gelernt haben, das war völlig egal, versetzt wurde auf jeden Fall der Sohn vom Pastor, vom Großbauern usw.

So berichtet er und ist einverstanden. Aber doch nicht mit allem und vergleicht die neue Zeit mit der vorangegangenen. Auch wieder ein Muss, resümiert er. Der Riss wird deutlich.

Auch Anderschs Distanzierung vom jetzigen sogenannten Kommunismus kennen wir nicht und auch nicht die Gründe, wonach die Kommunisten an die Stelle der freien Wahl den Terror gesetzt hätten und diejenigen umgebracht, die nicht einverstanden waren. Hätten wir damals schon seine Bücher lesen können, hätten wir schon seine Enttäuschung gekannt. Aber seine Bücher gab es nicht zu lesen. Wieder nur ein Muss, sagt dazu unser Ziehvater. Und noch ist Stalin glorifiziert.

Wann und unter welchen Bedingungen lebt jeder nach seinen Fähigkeiten, seiner Einsicht und nach seiner Vernunft, ein edles Ziel und eigentlich doch völlig normaler

Zustand? Ist es vernünftig, das Jungvieh in Offenställen zu halten, auch im Winter? Es krepiert. Warum muss die DDR mit der Sowjetunion zu teureren Einkaufspreisen als auf dem Weltmarkt handeln? Warum muss sich der Fachmann wider besserem Wissen der Parteianweisung fügen und ihr folgen? Das darf man nicht offen fragen. Nur ein Wirtschaftsminister begeht Selbstmord. Er hatte sein Amt wohl ernst genommen.

Berufsethos gegen Politik, ist das bei uns tödlich?

In Erinnerung ist der Spruch eines unserer ersten Dorfbürgermeister. Er und seine Kinder waren rothaarig und wurden wohl auch wegen ihres Familiennamens als Abkömmlinge von Hugenotten angesehen.

Dieser sagte stets:« Lass sie machen, sie werden sehen, was sie haben.«

Hier versteckt sich keine Häme, sondern Trauer.

Wie schafft man den Spagat zwischen einem Dazugehören zu etwas, das zu schaffen man selber eben im Begriffe ist, das zu kritisieren man aber nicht umhin kommt, damit es grade wird?

Dafür oder dagegen – für Feinheiten ist kein Platz. Hatten wir das nicht erst vor kurzem? Hand abschneiden, damit der Körper gesund bleibt, angeblich? Gegebenenfalls auch den ganzen Körper. Wie war das noch mit der Vokabel Volksschädling?

Walter Benjamin wirft Erich Kästner in den dreißiger Jahren vor, er stünde links von allem Möglichen, mangelnder Klassenstandpunkt im DDR-Sprachgebrauch.

Kästner antwortet mit »Fabian«. Er stimme der Forderung des Proletariats nach gerechter gesellschaftlicher Teilhabe zu und ergänzt: »Aber mein Herr, auch wenn Sie an die Macht kommen, werden die Ideale der Menschheit im Verborgenen sitzen und weiter weinen.« Unser Dilemma.

»Fabian« bekommen wir auch nicht zu lesen. Man hat schon gemerkt, dass die Fragen eines lesenden Arbeiters erneut gefährlich sein könnten.

Solchen Zweifeln kommt man nur mit Glauben bei, an die gute Sache und mit Taten dafür, und mit einem Schuldigen. Der liegt in den unumgänglichen Zwängen und was unumgänglich ist, das bestimmen nicht deine Einsicht und Vernunft. Das bestimmt die Partei. Es gibt ja eine. Und es liegt an dem Kapitalismus, sowieso kurz vor dem Absterben. Na, wenn das so ist. Nur wollen es jetzt schon nicht mehr alle glauben.

Die Leute erfinden den Witz von den vier Feinden des Sozialismus: dem Sommer, dem Winter, dem Frühling und dem Herbst. Und die Bauern erkennen daran etwas Wahres und stemmen sich dagegen. Auch viele andere. Da kann man ja etwas tun. Und dabei lebst du dein Leben.

Kommt die Kohle rechtzeitig vor dem Winter? Kein fast food sondern frisches, knackiges Gemüse in Mengen aus dem Garten. Das holst du und das gibt es zu Mittag. Dem Mann gedeiht alles. In Mengen. Für seine Anita und uns vier Kinder würde er noch eine fünfundzwanzigste Stunde anhängen. Er ist ein Arbeiter. Ein einfacher Mann, der begehrteste Junggeselle im Dorf, der nimmt sich eine Frau mit vier Kindern. Die ledigen Damen im Dorf brauchen eine Weile, sie hätten sogar die Wolle für Socken gesponnen.

Du gehst nun zur EOS, Erweiterte Oberschule. Davor hast du eine gute achte Klasse gehabt. In der Tochter des Direktorenehepaares findest du zum ersten mal eine ebenbürtige Freundin, mit Familienanschluss. Ihr fahrt zusammen an die Ostsee, wiederholt. Du bist privilegiert, deine Brüder haben es nicht so gut. Ihr redet und redet. Manchmal übernachtest du Tage dort und genießt nebenbei Komfort und eine intakte Familie. Der Direktor ist in der CDU. Du erkennst Zurückhaltungen.

Die Freundschaft hält viele Jahre und ist dir lebenslang wert, bis jetzt. Sie endet, weil du weg gehst und weil deine Freundin krank wird und den Kontakt abbricht.

Meinen Vater sehe ich regelmäßig. Er lebt seit seiner Trennung nicht mehr bei uns. Aber sowohl in seiner Werkstatt als auch bei meinem ältesten Bruder, der ihn wie selbstverständlich in seiner Wohnung aufgenommen hat, sehen wir Geschwister unseren Vater regelmäßig. Sowohl um ihn als auch um uns Geschwister kümmert sich unsere Schwägerin, selbstverständlich. Wir feiern dort auch Weihnachten und die Hochzeit meines zweitältesten Bruders, der mit der Landwirtschaft, und mein großer Bruder sagt jedes mal :

So richtig schlecht siehst du nicht aus.

Und das hilft, denn einen richtigen Freund finde ich nicht. Wozu das gut war, stellt sich natürlich später heraus.

Unser Vater freut sich, wenn er uns sieht, besonders mich, denn ich bin ja die einzige Tochter und wir haben uns immer gut verstanden.

Ich merke, dass mein Vater die Sache nicht verstanden hat. Und obwohl ich meinen Vater liebe und achte, bin ich natürlich auf der Seite meiner Mutter. Ihren Kampf um unsere Existenz erlebe ich hautnah mit und ich bin darin eingebunden. Zu viel Kampf, zu viel Arbeit, immer zu wenig Geld, Krankheit; Verhältnisse, die ich mir oft geordneter wünschte, wenn ich, selber voller Kummer, endlich am Samstag zu Hause ankomme, sonntags muss ich wieder weg. Ich möchte nicht mit dem Satz begrüßt werden: Ach, das ist ja schön, dass du kommst, da kannst du ja gleich mal …

Ich möchte eine aufgeräumte, saubere Wohnung, ein Essen auf dem Tisch, eine halbe Stunde Erzählen, und dann kann es los gehen. Ich habe guten Willen und Kraft für drei.

Aber ich sehe die Not, und meinen Brüdern geht es ebenso. Also legen wir los, bis zur letzten Minute, so dass wir zum Bus, Zug, mit dem Fahrrad oder zu Fuß rennen müssen. Wir müssen und wollen beides, Ausbildung und

Heim und Hilfe hier. Wir machen das, jedes Wochenende von neuem.

Mein Bruder holt aus einem der verlassenen Bauerngehöfte im Herbst regelmäßig das Obst, viel Zeit ist nicht mehr. Völlig überladen schlingert er mit dem Fahrrad in den steinhart gewordenen Riefen des Feldweges und stürzt. Kurzzeitig verliert er durch eine leichte Gehirnerschütterung das Gedächtnis. Er fragt mich immer wieder nach dem Hergang des Geschehens. Ich erschrecke zu Tode, antworte immer wieder. Es vergeht.

Die Dorfleute berichten, dass mein zweitältester Bruder, der mit der Landwirtschaft, jedes mal oben im Dorf mit seinem Rad stehen geblieben ist und lange zu uns herunter geschaut hat, bevor er in sein ungeliebtes Internat nach Brüsewitz gefahren ist.

Internate; Graf von Krockow bestätigt Musil. So schlimm war es nicht, aber noch furchtbar genug. Dort lernt er in einem Sportkurs Boxen. Endlich ist er wehrhaft, wenn auch nicht gegen alles.

Meinem jüngsten Bruder ist es eine Erlösung. Er ist geachtet und beliebt und ist unter seinesgleichen. Zu Hause ist er als Einziger der Geschwister noch ständig da, dem Frust und Unverstand meiner Mutter ausgesetzt. Bis zur endgültigen Trennung von ihrem ersten Mann, meinem Vater, und einem geregelten Zusammenleben mit ihrem zweiten Mann vergehen ein paar Jahre. Diese Zeit ist für meine Mutter ganz besonders schwer. Sie ist völlig auf sich alleine gestellt. Im Internat kann mein jüngerer Bruder sich entfalten und ist nicht dem ewigen Vergleich mit Bruder X und Y ausgesetzt. Ich bin ihm leider keine Hilfe. Wie kann das sein, dass man ein Kind, das man gegen die Aussage des Arztes vor dem Tode gerettet hat und mühsamst aufpäppelt, später so lieblos behandelt? Mein jüngerer Bruder war eine Frühgeburt gewesen und so winzig, dass er für tot erklärt und schon in die zu entsorgenden Schalen gegeben werden sollte. Und nur weil meine Mutter darauf bestanden hatte, dass die kaum wahrnehmbaren Bewegungen Lebenszeichen und keine zu vernachlässigenden Reflexe seien, hat man ihn ihr gegeben. Zu Hause hat sie ihn dann in den leicht erwärmten Backofen gestellt, da er viel zu wenig Eigenwärme hatte, und ihn mit kleinsten Bissen vorgekauter Nahrung am Leben erhalten. Weder konnte er Muttermilch trinken, noch Nahrung selber verdauen. Unter dem Tisch essen müssen, weil man was ausgefressen hatte, was denn schon? Wer kommt auf solche Ideen! Verstand, Empathie, Ignoranz, Großherzigkeit und Blindheit wohnen im selben Haus, wie soll man das einer Mutter klar machen?

Und das Dorf nutzt seine Chance. Ihr Sohn hat das und das gemacht. Anstatt sich schützend vor das Kind zu stellen, setzt es Prügel. Dies ist auch in meinem Elternhaus ein probates Mittel, um seinem Unverstand Lauf zu lassen. Kein Widerstand gegen die Methoden der eigenen Eltern. Heiligsprechung der Täter, müsste man sich sonst der eigenen Misshandlung stellen?

Das wird dann auch noch weitergegeben; die Opfer werden Täter. Immer wieder neu, in jeder Generation. Hass kommt auf.

In meiner Familie habe ich es abgeschafft.

Ich gehe wieder einen Schritt weiter. Ich gehe an die Universität nach Rostock. Dass ich Lehrerin werden soll, das hatte mein Grundschullehrer bestimmt. Ich wäre gerne Journalistin geworden, ich solle doch schreiben, hat man mir wiederholt gesagt. Ich will Familie haben, von jeher klar. Wie das mit dem Berufsbild? Und noch klarer ist, dass ich zu »wahrheitsliebend" und zu unabhängig sein will für so etwas. Ich soll schreiben, was man verlangt? Mir ist klar, das wird nichts. Du kannst nicht mit dem Kopf durch die Wand, sagt mein Direktor in der achten Klasse zu mir.

Eigentlich ist mir nicht klar, wie er darauf kommt.

Das mit dem »Aber« meiner Mutter muss sich fortgesetzt haben. Nie hat mich jemand gefragt, ob ich in die Partei eintreten wolle, wo doch so dafür geworben wird. Ich muss mich schon unmöglich gemacht haben. Eine Opponentin bin ich nicht. Aus demselben Grunde kann ich nicht Jura studieren, besonders das ist mir klar. Wahrheit und Gerechtigkeit, sie seien relativ, sagt man mir, im Klartext: der Manipulation frei gegeben. Ich bin mehr als misstrauisch. Ich halte das für eine Schutzbehauptung, mehrheitlich um Gleichgültigkeit, Faulheit und Feigheit zu kaschieren; ich habe meine Mitmenschen schon zu sehr beobachtet. Ich fühle gültige Maßstäbe. Dass diese Auffassung auch und vielleicht vor allem der Machterhaltung dient, darauf war ich noch nicht mal gekommen.

Es kann auch sein, dass man das Unrecht nicht sieht, es ist oft erst nur so klein, muss man es da schon sehen? Ein kleines Unrecht beunruhigt doch nicht so. Und Bonhoeffers Satz von den zu wehrenden Anfängen betrifft ja nun mal nicht uns, oder? Und wo ich schon protestiere, da schauen die anderen harmlos vor sich hin, das sehe ich. Das sehe ich alles. Shakespeare, Schiller und ihresgleichen, sie sind aber schon damals für mich kein Zierrat am Gebäude der Menschheit, sie sind ihre Fundamente.

Wie ich mich wehren soll, weiß ich nicht. Ich bin von klein an gewöhnt, auch die kleinste Pflanze zu sehen. Dafür kann ich doch nichts. Meine Deutschlehrerin meint dazu, ich wühlte solange im klarsten Wasser herum, bis ich den Dreck oben hätte. Ein Tadel war ihre Feststellung nicht.

Mit so Leuten ist das schrecklich. Die sind immer zu empfindlich. Wenn die das ernst meinen, sind sie im Weg. »So genau wollen wir das nicht wissen!« Man könnte sich zudem dem Vorwurf der Rechthaberei aussetzen. Und das muss vermieden werden. Ich kann es nicht vermeiden. Ich fühle mich beleidigt, wenn man mir meinen Geist bestäuben will, ich will in klarem Wasser baden.

Muss man untersuchen, ob es jemandem um »die Sache« oder um sich selbst geht, oder,noch komplizierter, um beides? Wenn man dem folgte, käme vielleicht heraus, dass es, wenn es den Streitenden betrifft, doch alle betrifft und dass man ihm also nachgerade folgen müsste. Und dann könnte man ihn nicht mehr als Rechthaber diffamieren, sondern man käme zur Wahrheit?

Das geht nicht, denn die Wahrheit ist schon klar und es kann nicht dem Bedürfnis des Einzelnen überantwortet sein, die Wahrheit herausfinden zu wollen! Wo kommen wir denn da hin, wenn ein Einzelner Sachwalter der Wahrheit sein wollte: Der Kaiser hat ja gar nichts an? Wir haben doch bestallte Gutachter !

Und so arbeiten wir der Diktatur in die Hände.

Und genau das sollen wir. Wir lassen uns übertölpeln.

Und überhaupt ist das zu kompliziert. Mit dem Vorwurf, zu kompliziert zu sein, werde ich immer wieder konfrontiert.

Leichter ist zu sagen, was im Kino läuft. Wer das weiß, sieht durch. Muss man das seinen Mitmenschen zugestehen? Ich tue mich schwer damit.

Und Bonhoeffers Satz von den zu wehrenden Anfängen betrifft ja nun mal nicht uns. Wir sind die Guten. Oder?

Dietrich Bonhoeffer ist auch nicht zuvörderst angesagt. Wir studieren, was man so studieren nennt, Lenin etc. Können wir Bonhoeffer und seinesgleichen dabei weglassen? Das alles frage ich mich und mit wem eigentlich kann man so etwas erörtern?

Und nun zu den Naturwissenschaftlern. Das ist das Gefährliche an ihnen, Grundsatzfragen stellen. Und deshalb müssen sie parteilich sein: man muss vor der Erkenntnis des Tatsächlichen schon die passende Bewertung parat haben. Das nennt sich Klassenstandpunkt. Dann dürfte die Erkenntnis vielleicht nicht gefährlich sein können, oder wenigstens nicht ganz so. Oder so.

Unversehens sind wir da, wo wir offiziell nie im Leben hin wollen, dass nicht sein kann, was nicht sein darf. Bei Bedarf soll auch heute noch die Sonne um die Erde kreisen.

Kant ade!

Mit so Leuten ist das schrecklich, die sind, noch einmal, immer zu empfindlich. Und dazu naiv, der Kaiser hat ja immer noch nichts an. Und dann auch noch beharrlich. Das grenzt an Frechheit.

Manchmal hasse ich meine oberflächliche Umwelt.

Manchmal bin ich so verzweifelt, dass ich sage:

Herr, vergib ihnen nicht, denn sie wissen, was sie tun. Wen habe ich damit eigentlich gemeint?

Wohin ich allerdings selber ohne die Gnade des Verzeihens gekommen wäre, dies zu erfahren würde mein Leben noch genug Gelegenheit geben.

So komme ich an die Ostseeküste. Der Weg ist wieder etwas weiter geworden, aber es gibt noch Hin- und Rückweg.

Da ist, nur ein Stockwerk über mir, meine Klassenkameradin, Abitur mit dem Prädikat »Sehr Gut«, und studiert Medizin. Trau ich mir überhaupt nicht zu und interessiert mich nicht. Sie hat kaum Zeit, ist ununterbrochen am Lernen. Mein zweitältester Bruder studiert Landwirtschaft, endlich, auch er hat sich durch nichts entmutigen lassen. Er hat schon eine kleine Familie und natürlich auch keine Zeit. Er arbeitet nebenbei als Schlagzeuger und verdient Geld dazu. Er fährt meistens mit seinem über Jahre aufgebauten Fahrrad, bei jedem Wetter, mein zweitältester Bruder ist bescheiden, so wie die anderen. Er wird von meinem Mann sagen: Das ist ein Guter.

Eine große Stadt, in der ich gerne etwas einkaufe und mit nach Hause nehme. Ich helfe dem Engpass ab so gut ich kann. Es gibt gute Lebensmittelläden; man kann Milch und Brot auf der Straße essen.

Ich bin ein kleiner Tropfen. Ich kann mir kein Leben einrichten. Alle kommen, scheints, mit den Gegebenheiten zurecht, ich passe wieder zu nichts. Ich habe zum Teil nette und auch interessante Flurnachbarn, aber ich rutsche doch an allem letztlich ab. Irgend etwas fehlt immer, ist mit den anderen besser. Nur einmal gibt es etwas Echtes, etwas, das wirklich mich meint, und nur mich. Da bin ich zu feige, oder zu rücksichtsvoll oder was eigentlich? Ich kann nicht nach Amerika mitgehen, mit dem Unidozenten für Deutsch? Es ist eine herrliche Zeit. Er schimpft mich doof, ich bleibe Jungfrau und so bleibt es. Das war mal ein echter Kerl. Hier ist aber eine zu dicke Grenze.

Noch nach Jahren träume ich, ich komme endlich in dem riesigen Internatsblock an, aber die Türe ist versperrt, weil meine Zimmergenossen alleine sein wollen, Herrenbesuch. Hätte ich ein lockereres Verhältnis zu meinen Nachbarzimmern, ein kleiner Plausch und mal eine kurze Anmahnung, das könnte doch gehen.

Geht aber nicht, jedenfalls nicht so oft, und ich habe Kummer. Meine interessanten Zimmerkollegen gehen nach Berlin zurück, es kommen zwei schlampige, blöde, ästhetisch widerwärtige junge Leute in das Zimmer, das heißt, der Junge dreistet sich hinein. Nichts geht mehr.

In der Küche und im Bad die schnell wechselnden Bratkartoffelverhältnisse meiner Mitbewohnerinnen: Ich mache ihm Abendbrot, ich wasche seine Hemden und hänge sie im Bad auf, also bin ich.

Ist das Stolz?

So stelle ich mir das nicht vor, aber wie denn?

Als ein netter, ernsthafter junger Mann auftaucht, mit dem ich in einer Tanzgaststätte tatsächlich mal einen schönen Abend verbringe und der mir auch gefällt, und tatsächlich auch umgekehrt, schicke ich ihn kurzerhand mit der Bemerkung weg, er sei nicht aktiv genug.

So etwas muss ich gesagt haben, während meine Mutter bei einem ihrer überaus seltenen Besuche oben wartet.

Enttäuscht und verletzt sagt er: »Na, dann such dir mal den richtigen Aktivposten!«

Das Ganze hat vielleicht zehn Minuten gedauert.

Ich will nur ehrlich sein. Ich hoffe, ich habe ihm wirklich eine Enttäuschung erspart und dass er das richtige Mädchen gefunden hat. Er war ein sehr netter und hübscher Bursche.

Auf den Straßen gehe ich weiter, einig mit Francoise Hardy, die ich gar nicht kenne; alle gehen zu zweit, nur ich gehe alleine.

Die Antrittsvorlesung an der Rostocker Uni in einem sehr schönen, altehrwürdigen Gebäude, das noch etwas von hanseatischer Unbeugsamkeit ausstrahlt, hält der Rektor.

Professor Heyduk, ich hoffe, ich erinnere Namen und Schreibweise richtig, referiert ein Thema, das sich mit den verschiedenen Arten der Lüge beschäftigt.

Ich sehe ihn vor mir, ein kleiner, etwas untersetzter Mann, dessen Kopf zu tief im Nacken zu stecken scheint, in einem grünen Anzug, tadellos gekleidet. Er dreht sich mit der typischen Bewegung des ganzen Körpers zu uns und legt uns dar, dass die Lüge nicht nur in einer offenkundig bewussten Falschaussage besteht, sondern auch darin, etwas nicht zu sagen, etwas zu verändern durch teilweises Hinzufügen oder Weglassen, durch inhaltsverändernde Einbettung eines Sachverhaltes, durch Aspektverschiebung etc. Ich weiß, dass ich auf zwölf Arten der Lüge kam.

Ich denke, das geht, dass ein Rektor einer Universität bei uns so eine Antrittsvorlesung hält!? Ich bin tief beeindruckt. Was bewegt ihn dazu? Welche Erfahrungen hat dieser Mann gemacht? Wenn ich könnte, würde ich mich heute darüber mit ihm unterhalten. Ich frage mich, was aus ihm geworden ist.

Schwach erinnere ich mich, dass wir Studenten kurz darüber diskutiert haben.

Warum hatte ich schon damals so eine Hochachtung vor dem Mann? Und hätte ich nicht zutiefst erschrocken darüber sein müssen, dass ich diesen Umstand für so außerordentlich hielt, wie er war?

Das Etwas nicht sagen, das Selektieren, Vorenthalten von Informationen scheint mir die wesentlichste Form der Manipulation in meinem Heimatland gewesen zu sein. Für besondere Informationen brauchst du eine Sondergenehmigung, wenn du sie in den Bibliotheken einsehen willst. Und besonders ist fast alles, was nicht offiziell verlautbart wird. Das Rostocker Theater führt mit Werftarbeitern und Studenten ein russisches Theaterstück auf, meine Zimmerkollegen dürfen das Programmheft machen. Es muss der Parteileitung vorgelegt werden, ein Gedicht von Tucholsky oder Majakowski, das erinnere ich nicht mehr genau, wird abgelehnt.

Wir schauen keinen Westsender. Das schreiben die Erst-und Zweitklässler an ihre Klassentüren.

Wir hören kein Radio London. Aber wir bewältigen unentwegt den Faschismus. Wir heben ihn dialektisch auf, auch darin.

Das hatte mein Ziehvater gemeint. Das Wort Dialektik hat er sicher nie gehört, er hatte nur ein paar Klassen Volksschule.

Manchen fällt das schon auf, ist auch bei uns Alfred Anderschs lesender Mönch in Schutzhaft genommen, und wer soll da vor wem und wovor geschützt werden? Und wie viele Leute suchen schon nach dem letzten Grund, nach Sansibar zu kommen?

Ebenso, wie solche Fragen alarmierend sind, die oft einen jahrzehntelangen Weg an die Oberfläche hinter sich haben, so hätte ich gleichermaßen erschrocken sein müssen, dass ich mein eigener Zensor war und Journalistin und Richterin für mich als Beruf ausgeschlossen habe, weil ich eine für mich inakzeptable Fremdbestimmung erwartete.

Vielleicht machen die Gedanken aus Selbstschutz halt, man will nicht an die Grenzen der unausweichlichen Konsequenzen kommen, solange, ja solange man noch eine Ausweichmöglichkeit sieht, eine Alternative.

Ist diese nicht da, dann erst dreht man sich um und greift wie eine in die Enge getriebene Katze den viel größeren Hund an. Wenn man nichts mehr zu verlieren hat, darin hat Marx recht. Solche Gedanken machen Risse. Ihre Wirkungen potenzieren sich.

Wir haben gute Dozenten, ich erinnere sie alle mit Dankbarkeit. Sie gehen kollegial und freundlich mit uns um. Ehrlich auch. Der Dozent für Marxismus-Leninismus sagt: nimmt man eine Sache als gegeben an, dann kann man ein riesiges Gebäude von sich einander bestätigenden Beweisen und Argumenten darauf errichten. Wenn man das gemerkt hätte, hätte er der Subversivität bezichtigt werden können. Auch er war schon ein älterer Herr.

Mich bestätigt das darin, mir nichts als gegeben aufdrängen zu lassen, zu fragen: warum. Ich höre es, so falsch kann ich doch nicht liegen. In den Naturwissenschaften bin ich eine Pleite, ihre Methode jedoch leuchtet mir ein, ich finde sie unverzichtbar.

Fragen wir: warum? Und: wie hängt das zusammen?

Meine Mitstudenten sind großenteils nett. Fremd bleibt mir ihre Zufriedenheit, sie sehen sich zum Teil als Lehrer in irgendeinem Ort. Mir kommt es so vor, als sähen sie jetzt schon das Ende. Sie hatten aber vielleicht einfach ein harmonisches Verhältnis zu ihren Umständen.

Der andere Teil will nach Berlin zurück und ist auch woanders als ich. Wo ich bin, das weiß ich nicht.

Es ist ein Glück, dass ich das Studium beende, nach zwei Jahren. Ich bin zu unreif, ich bin fremd geblieben. Die Lücke zwischen dem, was ich bin und dem, was ich will, ist noch zu groß.

Und ich benutze die falschen Mittel.

Ich komme mit allem in Streit, aber ich bleibe unverletzt. Vielleicht ist es zu viel, was da reifen muss. Und was will ich denn?

An meinen inneren Kern kommt nichts heran. Die gesammelte Stärke zahlt sich aus, meine Naivität, mein natives Öl, arbeitet. Innen ist es warm. Ich verteidige meine Vorstellung von Schönheit, Wahrheit und Glück, gegen alles. Ich lasse mir ein taubenblaues Kostüm nähen, aus sehr gutem Stoff, und gehe mit weißen Handschuhen und weißem Strohhut auch durchs Dorf. Vielleicht will ich doch ein Glanz sein, aber nicht auf Kosten.

Ich will auch nach Berlin. Meine Mutter ist nicht begeistert, vertraut mir aber. Sie sieht meine Stärke. Und sie ermutigt mich. Sie kennt ihr Leben, das ihrer weiblichen Vorfahren. Du musst hier raus, ist ihre Rede, wissend, wie sehr ich an meiner Umgebung hänge und was sie dabei verliert. Sie lässt sich nicht von dem Gerede im Dorf beeindrucken und es wäre nun wohl Schluss mit der Studiererei. Wir haben uns nie darüber unterhalten, woher sie diese Zuversicht in mich hatte. Sie hat diese Zuversicht auch haben wollen, ich sollte nicht das nächste weibliche Opfer familiärer Unzulänglichkeiten und historischer Ungerechtigkeit werden, ich, ihre einzige Tochter, ich sollte fliegen. Und dabei hat sie mir durchaus Fehler und Umwege zugebilligt. Wenn sie soviel Kredit doch allen meinen Geschwistern hätte einräumen können. Allerdings fehlte meiner Mutter aber auch die Möglichkeit, Vertrauen und Zuversicht auch dann zu haben, wenn die Geschwister ganz unterschiedliche Fähigkeiten, Charaktere und Lebenswege haben. Sie hatte so eine Entwicklung als Einzelkind, das nur teilweise bei seiner Mutter aufwächst und das unter sehr negativen Bedingungen, nicht beobachten können.

Wahrscheinlich vertraut sie meiner Kraft, meiner Entschluss- und Tatkraft, wie sie immer sagt, und dass ich die von meinem Vater habe. Das mag stimmen, ihre eigene

Person hat sie dabei unterschätzt. Vielleicht ist das einer der Mängel, die ein unterprivilegiertes Aufwachsen verursacht, man unterschätzt die eigene Leistung, gerade weil man sie dem Leben hat abtrotzen müssen. Man spürt zu sehr, was es gekostet hat, die Anstrengung vernebelt die Leistung.

Der Übergang an die Humboldt-Universität nach Berlin geht nicht so schnell. Ich will die Fachkombination wechseln und es gibt sehr beschränkte Zugangszahlen. Ich muss mir eine Arbeit suchen.

Mithilfe einer guten Freundin aus meinem Dorf, die in der Bezirksnervenklinik in der Bezirkshauptstadt Schwerin arbeitet, bekomme ich dort einen Vorstellungstermin.

Auf wen treffe ich dort, auf einen Experten und einen Schöngeist und einen Durchseher, würde Strittmatter sagen. Dr. Störk hat eine ganz neue Form der psychiatrischen Betreuung entwickelt. Fachleute aus dem In – und Ausland besuchen seine Einrichtungen. Geschlossene Stationen gehen in offene Arbeitstherapien innerhalb des Klinikgeländes über. Patienten, die mit einer entsprechenden Aufsicht und medizinischen Versorgung im öffentlichen Raum tätig sein können, leben, internatsmäßig untergebracht, in Dorfgemeinden und werden dort als Hilfskräfte zu einfachen Arbeiten eingesetzt. Es gibt drei solcher Außenstationen. Falls notwendig, wird ein Patient in die Klinik zurückverlegt, das kommt selten vor. Dr. Störk macht wöchentlich Visite in den Außenstationen.

Wir im Dorf haben auch immer »die Sachsenberger«; das Klinikgelände in Schwerin heißt Sachsenberg. Die Dörfler begegnen ihnen mit gutmütigem Respekt, es wird nicht mehr verlangt, als sie leisten können, sie werden regulär entlohnt. Niemand ärgert sie. Sie nehmen sogar an unseren Dorffesten teil, fein gemacht, sichtbar erfreut.

Ich werde Hilfsschwester, beziehe eine kleine Dachkammer in Schwerin, auch mit der Hilfe meiner Freundin und fange in der Arbeitstherapie an. Obwohl ich von den teilweise hochqualifizierten Vorbereitungs- und Anleitungsarbeiten für die Arbeitstherapie keine Ahnung habe, nimmt mich das Team freundlichst auf. Sie sind eine Mischung von schon älteren Personen, meistens Damen, und jungen Frauen. Auch zwei ältere Herren sind dabei, alle sind irgendwie Originale. Die Leute sind einfach schwer in Ordnung.

Mein ganzes verdrehtes, Zweifel durchtränktes Leben der letzten Jahre fällt nach und nach von mir ab. Ich bin irgendwie selbst Patient, auf dem besten Heilungswege. Hätte ich Goldstaub, ich schüttete ihn noch heute auf alle ihre Köpfe.

Ich bin auch wieder in meiner Heimat. Weite Wege, frühes Aufstehen, nichts macht mir etwas aus. Ich bin kräftig und fröhlich. Bald darf ich auch Urlaubsvertretungen in den Außenstationen machen. Manchmal sogar in meinem eigenen Dorf. Dann kann ich zu Hause wohnen. Du musst hier raus, dabei könnte sie sich das so einfach machen.

Selten gibt es in den Heimen eine kritische Situation. Nicht immer sind die Patienten leicht lenkbar. Junge Männer sind schon mal aufgebracht, besonders, wenn man sie gemaßregelt hat und zu allem Überdruss die Schwester Besuch von einem jungen Mann hat. Der junge Mann ist zwar nicht wirklich wichtig, aber das sieht man ja nicht. Ich denke, nicht nachgeben, du verspielst deine Autorität. Und so beharre ich stur auf meinem Standpunkt, dass die Forderung berechtigt sei und mein Besuch Privatsache. Es ist Sonntag Abend und ich bin allein. Ich muss gewinnen.

Es geht Auge in Auge, ich setze mich durch. Das ist in den zweieinhalb Jahren, die ich diese Arbeit mache, die schwierigste Situation. Dr. Störk bietet mir die Ausbildung zur Krankenschwester an, aber weil ich nicht so lange zu bleiben gedenke, halte ich das für sinnlos. Auf gemeinsamen Fahrten von der Klinik zu Außenstationen rezitiert er Rilke. Er geht immer freundlich, zuvorkommend und respektvoll mit mir um. Dabei leiste ich nichts Besonderes. Vielleicht ist das auch so, weil er den Wert des Komplizierten kennt. Ich hatte ihm schon ehrlich berichtet, warum ich bei ihm auftauchte. Und mein Vertrauen hatte er von Anfang an dadurch gewonnen, dass er mich nach dem allgemeinen Gespräch im Sekretariat aufforderte, in sein Arbeitszimmer zu kommen. Da hatte ich nun die Möglichkeit der näheren Beschreibung. Aha, dachte ich, ein Durchseher.

Die Arbeit mit den Patienten ist angenehm. Sie sind freundlich und dankbar für Zuwendung. Als in unserer Klinik eine Infektion und auf allen Stationen Durchfall ausbricht, werden auch wir aus den Arbeitstherapien zum Pflegedienst eingeteilt. Die Schwestern kommen mit Saubermachen nicht mehr nach. Ich komme auf eine Station, wo Patienten mit Down Syndrom sind. Noch heute erinnere ich einen jungen Mann, der immer wieder kläglich und beschämt sagte: »Schwester Jutta, jetzt habe ich schon wieder alles voll gemacht.« Wir haben sie getröstet und zum x-ten Male gesäubert. Es hat mich nicht im geringsten geekelt.

Wiederholte Male wechsele ich in Schwerin meine Unterkunft. Meine Arbeitskollegen helfen mir, sie haben immer ein Zimmer frei. Geht es bei der einen nicht mehr, findet die andere etwas. Es gibt keine offiziellen Wohnungen zu mieten. Die Wohnungsnot ist eins der größten Probleme.

Das ist eines der Mosaiksteinchen, die das Bild ausmachen, die Menschen in der DDR hätten zusammengehalten. Es stimmt. Es stimmt nicht immer und überall, woher kommen sonst die Spitzel, die Denunzianten und der miese Rest? Aber es stimmt in einem so hohen Maße, dass die Menschen einander das Zusammenleben ermöglichen. Randständige Menschen werden von der Allgemeinheit mitgetragen, es gibt keine Bettler auf den Straßen. Selbstverständlich gibt es Menschen, die wir hier als asozial, bildungsfern oder »beratungsresistent« bezeichnen, oft eben auch als krank.

In den Dörfern kümmert sich die Gemeindeschwester, der oder die Bürgermeisterin, die LPG rückt ihnen auf den Pelz, Jugend- und Strafbehörden und die Schulen sind verpflichtet. Das sichert auch nur unvollkommene Verhältnisse, verhindert aber die völlige Ausgrenzung und Verwahrlosung. Es ist da immer ein Stück von Restakzeptanz. Auch die Dorfhure nimmt am Dorftanz teil, und wenn sich die Leute auch noch so sehr darüber die Mäuler zerreißen. Es bleibt ein Stück Verständnis; die Leute leben dicht an der Kreatur, sie kennen deren Bedarf. Und es gibt ein Stück Mitgefühl für alleinstehende Personen; man weiß ja, wie schwer es sogar zu zweit sein kann. Mit dem sogenannten System hat das im Dorf weniger zu tun, außer, dass der Ordnungsfaktor landwirtschaftlicher Betrieb wirkt. Richtig ist aber auch, dass der Staat die Bevölkerung durchorganisiert, in Brigaden, Kollektive, Gemeinschaftsaktivitäten unterschiedlicher Art und dass er bewusst Strukturen aufbaut, die völlige Asozialität verhindern. Es gibt ein Bewusstsein unter den Leuten, dass sie für einander verantwortlich sind. Wir werden grundsätzlich zu Solidarität erzogen. Ob das in jeder Familie so ausgeprägt ist wie in meiner, das kann ich dahingestellt sein lassen. Ich sehe aber, dass sehr viele Menschen bereit sind Verantwortung zu übernehmen und dass sie einen Begriff von Allgemeinwohl haben, zu dessen Gunsten sie persönliche Wünsche zurück stellen.

Auch an der Universität in Berlin werden mir wieder solche Menschen begegnen.

5. Kapitel

Berlin

Nach zweieinhalb Jahren, viele glauben nicht mehr daran, dass das Fräulein doch wieder zu studieren anfängt, gelingt mir der Neuanfang an der Humboldt-Universität in Berlin. Ich bin immer noch ein Solomädchen, nicht unbedingt freiwillig. Das Passende hat sich trotz mehrerer netter junger Männer nicht gefunden. In diesem Punkt bin ich wohl am kompromisslosesten. Ich will etwas Außergewöhnliches. Natürlich leide ich unter meinem Alleinsein. Selbstzweifel aller Art, Ratlosigkeit, Neid auf die anderen, Trauer und eine Art von sich ausgesetzt fühlen wechseln sich ab. Die wahre Versuchung umgehe ich aus Rücksicht und Feigheit, gleich zwei Mal. Ich bleibe brav in meinen Grenzen.

Ein gestandener Mann, schon erwähnt, typischer Amerikaner wie man sich das vorstellt, taucht auf. Internationales Sprachfestival für Deutschdozenten aus dem Ausland gibt es in Rostock, wer hat das durchgesetzt? Die Fahnen wehen in dem dort ewigen Wind, mein und sein Herz auch. Drei Wochen hin und her, ich mache einen Rückzieher. Du hast gute Schokolade, ich ein Kind, bescheide ich ihn, und ich kann nicht nach Amerika, nicht aus der DDR. Und was soll aus meiner Familie werden?

Er fährt schweren Herzens. War gut so.

Neben unserem Wohnheim wohnt eine ganze Gruppe Schwarzafrikaner, die Studenten der befreundeten afrikanischen Staaten. Sie machen schon mal eine Party, meine Freundin geht hin. Mir gefallen diese Kerle ungemein, sie wären für mich Kraftpaket schon richtig. Und genau deswegen gehe ich nicht hin.

Ich habe einen guten Schutzengel, mal wieder. Keiner der dichteren Kandidaten kommt mir gewaltsam zu nahe, alle respektieren mit mehr oder weniger großem Bedauern meine Entscheidung, keine unumkehrbaren Intimitäten einzugehen.

Es ist zu dieser Zeit nicht so problemlos, an schwangerschaftsverhütende Mittel heranzukommen. Einer der Jungs meint mit geradezu beschwörerischem Bedauern, ich wisse gar nicht, was ich versäumte. Da hatte er Recht. In ihm sah ich kein Versäumnis. Das habe ich zwar nicht gesagt, aber gesehen hat er es ja.

Ich habe ihm dann noch Frühstücksbrote gemacht. Die hat er aber nicht gegessen.

Ich bin ihnen über, sie sind keine Herausforderung und keine Stütze. Sie würden mir meine Stärke irgendwann verübeln, das spüre ich instinktiv. Und ich will mich nicht verzetteln. Die Liebe sei, so hatte mein Pfarrer einmal gesagt, der vorgenannte, wie ein großer Strom. Man solle sich dessen Kraft bewahren und sich nicht in vielen Rinnsalen verlieren. Einleuchtend, dachte ich.

Als ich mein neues Studium beginne, ist die Familie froh. Eine meiner Schwägerinnen bietet mir sogar an, sie würde, falls nötig, ein Überraschungskind von mir mit aufziehen. Sie ist Profi und hat neben Beruf und forderndem privaten Existenzaufbau drei Kinder. Mein Bruder, der Diplomlandwirt, der mit den blauen Augen, lebt in seiner von klein auf gewählten Aufgabe, die Menschen zu versorgen; es soll keiner mehr warten müssen, bis die Pferde kommen. Abends liest er in seiner großzügigen Bibliothek Bücher wie die des *Club of Rome*, so er da herankommt. Ein viertes Schwesterkind hätten sie sich zugetraut.

Ich ziehe in eine der typischen Hinterhauswohnungen in Berlin-Mitte, schräg gegenüber von meinem Bruder. Wieder einmal folge ich ihm. Er hatte sein Hobby zum

Beruf gemacht und Fischwirtschaft studiert, wechselt nach dem Studium aber in die Politik. Die Brüder sind unterschiedlicher Meinung aber einig: sie wollen etwas Positives schaffen, den Menschen zurück geben, was sie gelernt haben, auch das von den Eltern.

Die Wohnung besteht aus einem Miniflur, der dadurch entsteht, dass jemand einen großen Schrank quer gestellt und somit die »Küche« geteilt hat. Diese besteht nun aus einem schmalen Durchgang zum Fenster, mit dem für Berlin typischen breiten Fensterbrett und Unterschrank, oben Ersatz für Tisch und unten für Schrank und Kühlschrank, und aus einem großen, gesetzten Kochherd mit Feuerheizung. Dass noch Platz für ein Ausgussbecken, gleich Bad, ist, grenzt an ein Wunder. Dann kommt ein Zimmer, Holzfußboden und Kachelofen und einfach verglaste Fenster.

Das ist es, Klo auf halber Treppe nach unten, Kohlen über den Hof in einem dunklen, engen Keller.

Das moderne Studentenwohnheim in Rostock war dagegen amerikanisches Appartement.

Ich bin so glücklich wie noch nie und erlöst. Ich habe etwas Eigenes.

Mein »Großer Bruder« stapelt meine Bökener Habseligkeiten in sein Auto und flucht die ganze Fahrt, weil ihn die riesigen Säulenkakteen, die mein Zweitvater gespendet hat, fast in den Hals pieksen. Er hat schon beim Einladen geflucht, gebracht hat er sie.

Die Vorgängerin, deren inoffizieller Auszug meinen ebenso inoffiziellen Einzug ermöglicht hat, lässt einen ollen, alten Teppich im Zimmer. Mir ist der auch zu schwer, so dass ich das zusammengerollte Monstrum aus dem Fenster, erster Stock, auf den mit Mülltonnen und veraschtem Betonboden ausgestalteten Hinterhof plumpsen lasse.

Mein Bruder und seine Frau, die vis-á-vis in einem ebensolchen »Zillebau« wohnen, mit Baby, verhelfen mir zu einer Liege und einem Regal, Tisch und wohl zwei Sesseln, alles, was man hier beim erstbesten Sperrmüll findet, und ich bin noch glücklicher. Ich bin endgültig frei.

Es taucht ein älterer Herr von der kommunalen Wohnungsverwaltung auf und fragt, wo denn das hier gemeldete Fräulein soundso sei und was ich hier machte und ob dem besagten Fräulein der Teppich gehöre, den sie, wie Nachbarn beobachtet hätten, einfach aus dem Fenster geworfen habe.

Das Fräulein sei verreist, unbekannt wohin, gebe ich an, und weiteres. Ich sei Studentin, hier zu Besuch, ich dürfe bleiben, solange, bis sie die Wohnung wieder selber brauche, behaupte ich.

Na gut, beschwichtigt der Herr, und ich möge dem Fräulein ausrichten, dass es zukünftig nichts mehr aus dem Fenster werfen solle, das gäbe berechtigten Ärger. Ich versichere das. Und, fährt er nach einem Rundumblick fort, im übrigen könne man sich bei der kommunalen Wohnungsverwaltung, dort, wo jetzt die Hackeschen Höfe sind, gleich um die Ecke, Farben und Pinsel und sonstigen Bedarf kostenlos holen, nur renovieren müsse man selber.

Für eine private Wohnung hätte es einer offiziellen Zuzugsgenehmigung bedurft, unmöglich zu bekommen.

Er verabschiedet sich freundlich. Ich hole mir das alles und schaue staunend die alte Architektur der Jahrhundertwende an, so ging es auch. Sowohl mein mickriger Hinterhof als auch diese, wenn auch stark restaurierungswürdige Pracht, erinnern mich an Döblins »Berlin Alexanderplatz«, gelesen zwischen Wiesenschaumkraut und Weiden.

Meine Wohnung ist nur einen Steinwurf vom Alex entfernt. Aus meinen Fenstern habe ich einen schönen Blick und sehe Grün, bis zum Luxemburgplatz. Die Eingangsschächte auf dem Rosenthaler Platz, nur wenige hundert Meter vom Luxemburgplatz entfernt, sind zugemauert. Man hört aber die U-Bahn unten fahren. Zu Döblins Zeiten waren sie offen; altes und neues Berlin treffen sich. Mich trifft ein schwer zu definierendes Gefühl, irgend etwas zwischen Resignation, Akzeptanz und dahingestellt sein lassen. So geht es auch mit der Mauer, die elf Jahre steht. Leben geht wohl nur, wenn man immer auch außer Acht lässt.

Es überwiegt meine Freude. Ich fühle, endlich bin ich am Platze. Mein Bruder renoviert die Wohnung, ich renoviere mein Leben.

Die Humboldt-Universität ist überwiegend ein Genuss. Ich bin zwar auch hier nur eine mittelmäßig ehrgeizige und begabte Studentin, persönliche Freundschaften mit meinen Kommilitoninnen ergeben sich nicht, aber es ist doch ein gutes Miteinander. Wir sind in einer Seminargruppe eine über die Regelstudienzeit festgelegte Gruppe, die auch aufeinander aufpasst. Niemand soll bummeln oder groß aus der Reihe tanzen. Das muss es aber gegeben haben, denn wir als FDJ-Leitung (Freie Deutsche Jugend) der Gruppe führen wiederholt Gespräche mit unseren Kommilitonen, von denen ich heute nicht mehr die genauen Gegenstände weiß. Es muss sich aber nicht nur um versäumte Studienzeiten, sondern auch um Einstellungen und Haltungen gehandelt haben. Ich erinnere mich, dass einige meiner Studienkollegen nach solchen Gesprächen noch einmal privat, was offenbart diese Wendung, mit mir gesprochen haben um mir in Ruhe ihre Zweifel und Haltungen zu erklären. Dass man im Studium nicht bummeln soll, sehe ich noch immer als gerechtfertigt an. Wir bekommen mehrheitlich Stipendium, niemand arbeitet nebenher.

Die Seminargruppe hatte mich zur ersten Vertreterin gewählt, in Ablösung einer unserer Kommilitoninnen, die ihnen zu parteigebunden war. Ob ich aber da immer einen so guten Job gemacht habe, dessen bin ich mir nicht sicher, wie es aus heutiger Sicht sowieso unhaltbar ist, jemanden zu einer Meinungsdiskussion zu zwingen. Auch hier bin ich dankbar, dass es keine schädigenden Konsequenzen für jemanden gab, ich hoffe das, ich weiß, dass ich mich dann schämen müsste.

Überhaupt meinen meine Studienkollegen, manche nach ihrer Meinung Übertreibung käme wohl auch daher, dass ich keinen Freund habe. Ich gehe ja immer noch nicht auf Feiern und dergleichen, dazu fehlt es mir an Antrieb, Selbstbewusstsein und Gesellschaft.

Ich habe solche Freuden wie morgens um 7.30 Uhr in der vor mir aufgehenden Sonne zur Universität zu laufen. Über den Alexanderplatz, an dem wunderschönen, barocken Neptunbrunnen vorbei, über die Spreebrücke, am Dom, an der Nationalgalerie, der Oper bis schließlich zur Uni. Von allem fühle ich mich gemeint. Hier kann ich mich auf jeden Stein setzen, wie damals auf die Feldsteine vor meiner Behausung als ganz kleines Kind. Das Gefühl einer Beheimatung ist dasselbe. Und tatsächlich beglückt auch mich die Berliner Luft, leicht, warm, meistens ruhig.

Auch hier, finde ich heute, hätte ich alles viel mehr wahrnehmen müssen, mehr ins Theater gehen, mehr spazieren gehen, mehr ins Museum gehen, viel mehr in der Stadt und ihren Vororten herumfahren, viel mehr in alle Häuser gehen. Wenn ich jetzt im Urlaub bin, dann schaue ich in die Treppenhäuser, in die Hinterhöfe, in Universitätsgebäude, meistens sind sie offen. Im Konservatorium in Pesaro, in Italien, gewidmet Rossini, dem Sohn der Stadt, fühle ich mich mehr gemeint als in einem beliebigen Kaufhaus hierzulande. Im Zeichensaal der Universität Bologna stehen Staffeleien und Zeichnungen herum, in der Sommerpause, als ob die Studenten mal eben zur Kaffeepause wären. Und Kaffee holen mein Mann und ich uns dann auch am Automaten, schnell noch mal auf Toilette, zum nächsten Seminar müssen wir pünktlich sein. Wie viele deutsche Studenten hier wohl eingeschrieben sind? Giotto, ein Bild von ihm hängt höchstwahrscheinlich gleich in der Kirche nebenan, oder Tizian oder einer von den zahllosen anderen.

Und einmal mehr fühle ich, welches Wort meine Seele gesund macht.

Meine vormaligen Kollegen aus Rostock treffe ich nie, ich suche sie auch nicht. Ich weiß wahrscheinlich nicht, was ich mit ihnen reden soll. Sie sehen auch jetzt sicher wieder viel mehr durch. Die Bohemien, oder was sich dafür hält, sieht durch, die Parteinahen sehen durch, die, die irgendwelche Beziehungen zum Westen haben, sehen erst recht durch. Man muss herumlaufen und Beziehungen haben. Ich habe ja nur meine älteren Verwandten da, die uns nach dem Krieg das Leben mit ermöglicht haben und es bis jetzt mittragen, das punktet nicht.

Und als erklärt wird, dass Ost- und Westdeutschland nunmehro zwei Nationen sind, gibt das keine größeren Diskussionen.

Niemand sagt uns auch, dass die Preisgabe eines verletzten Rechts eine Art von Feigheit sei. Solche Absoluta stören bei dieser täglich geübten Relativiererei.

Es lässt sich ja auch wissenschaftlich beweisen, wir sind schließlich an einer der ruhmreichsten Universitäten. Exemplarisch reichen da etwa zehn Wörter wie Arbeitnehmer und Arbeitgeber, Wörter des Westens. Linguistisch ist unanfechtbar, dass der Arbeiter seine Arbeit hergibt und sich der Fabrikbesitzer dessen Produkte nimmt.

»Hast du Arbeit für mich, Bauer, Bäcker, Fabrikbesitzer?«, schon seit Jahrhunderten gefragt, das wird nicht erörtert. Wieder einmal lassen wir weg. Aber mahnt uns nicht der Satz, wonach die Preisgabe eines verletzten Rechtes eine Art von Feigheit ist, tatsächlich, eine Tat vermieden, eine Unterlassungstat, das soll Feigheit sein?

Muss sich einer immer einmischen? Das jemandem immer wieder vorzuhalten ist doch penetrant. Dem, der sich einmischt und dem, der dem das vorwirft? Wenn der,

der den Einmischer tadelt, doch gar kein Recht sieht. Und wer soll es dann verletzt haben?

Zur Frage der Feigheit brauchen wir also auch gar nicht mehr zu kommen, gegenstandslos!

Leben wir überhaupt noch in dem Bewusstsein, dass wir ein persönliches Recht haben oder haben wir schon verinnerlicht: Die Partei hat immer Recht!

Wer will uns das Recht auf eine gemeinsame Nation absprechen, wenn wir denn schon zwei Staaten sind? Wir kennen ja doch noch den Unterschied. Widerspruch regt sich. Die Vormärzler, Körner, Freiligrath, mit denen haben wir nichts mehr zu schaffen? Die 1848 er in Baden, sie haben viele Denkmäler in den USA, wohin sie nach der Niederschlagung ihres Aufstandes geflohen waren, wollen wir noch etwas von ihnen wissen? Und wer ist eigentlich dafür verantwortlich, dass wir so wenig von ihnen wissen? Im Literaturstudium begegnen wir diesen Männern, allerdings sehr flüchtig, quasi sehen wir sie gerade noch davonreiten.

Was bedeutet uns der Begriff der Freiheit, wenn wir ihn sofort unter Kuratell stellen? Er habe seine Grenzen, sicherlich, wir sehen sie ja täglich. Und wer setzt die Grenzen meiner Freiheit? Sklaverei und Leibeigenschaft, äußerste Formen der Unfreiheit sind das, haben wir gelernt, ich zutiefst verinnerlicht.

Welchen Status haben wir?

Wir Studenten sind eine Schafherde, schon zu sehr an Leithammel gewöhnt. Aber doch, die Manessische Liederhandschrift und Luther, die Nibelungen, ihre Orte liegen im Westen, eben die Humboldts, die deutsche Literatur in ihrer ganzen Großartigkeit, und die unseligste Vergangenheit, und die Jetztzeit wird es wieder, wir sind schon dicht dran, sie sind unser aller Erbe, das liegt nicht in unserem Ermessen.

Gehört der Großvater meines Mannes nicht mehr zur Nation, unter dessen Leitung die Millionenbrücke in

Westberlin gebaut wurde, von dem Wohnplatz seines Enkels gut zu sehen? Seine Diplomarbeit, den Leuchtturm auf der polnischen Halbinsel Hela, werden wir noch gemeinsam besuchen. Und dieses alles ist kein kulturelles Erbe für uns alle? Die Schinkels und die Einsteins, die Hardenbergs und Röntgens, das ganze deutsche Volk, deren Nachfahren in Ost und West leben, das ist nicht unsere Nation? Widerstand regt sich.

Das humanistische Erbe, es wird uns vermittelt und nicht zu Unrecht antwortet mir mein Bruder: Bedenke, dass du das, was du geworden bist, hier geworden bist.

Ich wehre mich gegen die Manipulation, dagegen, ratlos und verstopft vom Relativen zu werden, das jede Gewissheit, und sei sie nur eingebildet und noch zu überprüfen, im Sumpf der Umdeutung verschwinden lässt. »Lever düad as Slav« haben wir auch mal gelernt; voll unmodern. Regieren jetzt Biedermann und die Brandstifter? Diese Frage stelle ich mir übrigens schon lange, auch jetzt öfter.

Die Debatte um die angeblich zwei Nationen muss uns doch so absurd erschienen sein, dass gar kein größerer Protest für nötig erschien. Sie hält sich auch nicht lange. Die vollzugsbeamteten Dozenten finden es wahrscheinlich selber zu blöde. Auch die Diskussion darüber, ob die DDR auf den wirtschaftlichen Austausch, die Zusammenarbeit mit den westeuropäischen Staaten angewiesen sei, verläuft im Sande. Schon unsere Dorfleute wissen, dass ihre Qualitätsprodukte »in den Westen »geliefert werden, das Fleisch, die Eier. Immer auf der Suche nach schönen Dingen ergattere ich mit viel Einsatz besondere Keramik, gute Lebensmittel. Wir wissen, dass wir gut arbeiten, wo bleiben unsere Produkte? Nur in den Bruderländern?

Wir lassen uns nicht für dumm verkaufen, denken wir. Nur ich widerspreche im Seminar, so wird widersprochen.

Und auch die Dozenten haben sich einen Rest Akademikerstolz bewahrt, diese Diskussionen bleiben Episode.

Wir stimmen nicht voll zu, und wir sind auch nicht ganz dagegen. Was Ordentliches daraus machen, denken wir und die meisten Leute. In dieser Gemengelage sucht jeder einen für ihn gangbaren Weg. Und da gibt es ja auch noch disziplinierende Momente. 1951 in Berlin und darüber hinaus, der verunglückte Aufstand in Ungarn 1956, den Prager Aufstand 1968, immer ist die Sowjetunion dem Brudervolk schnell zu Hilfe geeilt. Das gehört sich schließlich so.

Auf soviel Verbrüderung haben die meisten DDR Bewohner keine Lust.

Hier hatte die Sowjetunion vorgeführt, dass von ihr lernen Siegen lernen heiße. Diese Interpretation haben die Leute verstanden.

Es gibt immer noch genug Möglichkeit, sich auf der guten Seite zu wähnen. Als der Krieg in Vietnam wühlt, kann ich nicht auf den Weihnachtsmarkt gehen. Wir singen mit dem aus Irland kommenden jungen Mann in der neuen Singegruppe »We shall overcome«, ein Lied, das ich heute noch mit Begeisterung singe, und »If I had a hammer«, auch gut, da singe ich noch mit. Die vorherige Gesangsgruppe, die ein älterer, ausgebildeter Musiker und Chorleiter geführt hatte, wird aufgelöst.

Er war der zweite, der meine Stimme ausbilden wollte. Die erste Person war eine ehemalige Opernsängerin, die den alten Molkereibesitzer Lembke geheiratet hatte und so in unserem Winzigdorf gelandet war. Meine Eltern waren mit ihnen befreundet, was uns viele schöne und außergewöhnliche Nachmittage bereitet hat. Das war auch wieder so ein Glanz. So etwas prägt einen. Leider habe ich ihr Angebot nicht angenommen.

Dieser Chorleiter singt auch Volkslieder mit uns. Solche, wie ich sie immer in den jeweiligen Schulchören gesungen hatte, bis zum Abitur.

Ich gehe nun nicht mehr hin, in die neue Singegruppe. Etwas stört mich. Ich empfinde einen Übergriff. Die

Volkslieder sind ein wesentlicher Teil von mir. Wir singen sie nicht mehr. Mich meint man nicht mehr ganz.

Ich will mich auch hier nicht enterben lassen.

Mein Studium verläuft problemlos, relativ harmlos. Mit mir selbst und unter dem Schutz meines Bruders geht es mir gut.

Ich habe nur durchschnittliche Ergebnisse und das anfängliche Urteil meines Seminarleiters, ich sei hier in der Seminargruppe die Einzige, mit der man vernünftig reden könne, hat sich erfahrungsgemäß und erwartungsgemäß geändert, andere sind jetzt vernünftiger.

Wir haben einen Phonetikdozenten, gleichermaßen gefürchtet wie respektiert. Obwohl er nach meiner Erinnerung nur über den Doktortitel verfügt, wird er von allen Professor genannt. Alle wissen, dass er als internationaler Experte gilt. Wir fragen uns, warum nicht er Institutsleiter ist. Er behandelt uns auf Augenhöhe. Er regt an, dass wir alle das Oxford Dictionary kaufen und unser Seminarleiter sorgt dafür. Wir haben eine ungarische Studentin in unserer Gruppe, so klappt das über Ungarn. Ein Jahr vor meiner Zulassung an die Uni hatte dieser Dozent mich schon interviewt und mir geraten, meine Englischkenntnisse zu verbessern. Er war freundlich und leicht sachlich distanziert. Im Studium lässt er mich vorsprechen und schickt das Fräulein Sussi Hummel zum Logopäden in die Charitee. Nach etlichen vergeblichen Stunden, es ist mir einfach alles nur peinlich, packen mich der Zorn und der Ehrgeiz. Lass mich machen, was der Mann sagt, sage ich mir. Es klappt.

Alle dürfen wir in die Internationale Shakespeare Gesellschaft eintreten und zu deren einwöchigen Tagung einmal im Jahr nach Weimar fahren, wiederholt. Ich kann kaum ausdrücken, wie dankbar ich dem Manne bin. Wieder fühlte ich mich gemeint.

Es geht um die großen Eckpfeiler, Liebe, Macht, Hass, Geld, und ihre Moderatoren, die Intrige, der offene, furchtlose Kampf, das Selbstlose, die Erfüllung, das tragische Missverständnis etc., eben auch Goethe, Schiller usw.

Dieser Dozent hat die Aura des unbestechlichen Experten. Und ist eben auch ein echter Durchseher. Nahtlos knüpft er an meine Englischlehrerin an der EOS an, die Pfarrerstochter war, humanistisch, nicht manipulierbar. Sie war es, die uns wiederholt von Speaker`s Corner im Hydepark erzählte, wo jedermann frei reden könne, was ihm eben einfiel. Das Lied von den Gedanken kannte sie bestimmt. Als ich fünfundvierzig Jahre danach in eben diesem Park stehe, da fällt sie mir wieder ein und dazu das Märchen von dem Samenkorn.

Als ich dann auch noch von der schweren Abschlussprüfung über alle Teildisziplinen befreit werde, weil meine Gesamtnote eine glatte Zwei ist, hebt mich das leise an.

Ich hatte in einer seiner Prüfungen alle Teilfragen richtig beantwortet und als ich die letzte Frage nicht mehr beantworten konnte, versuchte er mich mit dem Hinweis, ich brauchte doch nur die Ergebnisse der zwei vorherigen Fragen zusammenzuführen, zu beruhigen und zum Erfolg zu bringen.

Ich antwortete, dass ich völlig blockiert sei und selbst auf die leichteste Frage nichts Vernünftiges mehr wisse. Er beendete die Prüfung. Ich bekam eine Zwei und den Hinweis, dass das eine typische Prüfungssituation sei und ich mir das nicht zu Herzen nehmen solle. So einer war das.

Ich lerne einen jungen Studenten kennen, Pfarrerssohn aus dem Schwäbischen, Mitglied der ersten Kommune, Student in Westberlin. Damit herumzupunkten, das kommt mir nicht in den Sinn. Von Kommunen und Internaten habe ich ohnehin die Nase voll. Nach ein paar allgemeinen Gesprächen auf den Bänken vor der Uni besucht er mich in meiner kleinen Wohnung. Er lädt mich zum Essen ein.

Er schielt schrecklich auf einem Auge, das stört mich nicht. Er gefällt mir, ich rede mich heraus, ich habe keine Zeit, er versteht.

Wieder die Selbstzensur; ein Student aus Westberlin, das ist verboten, das geht nicht. Das steht nirgends, alle wissen es und halten sich daran. Die wenigen Ausnahmen zeigen nur zu deutlich, was für riesige Probleme es für die Betroffenen gibt. Also weiter allein. Ich handele schon fast nonnenhaft.

6. Kapitel

Der neue Mann

Zu Pfingsten 1972 besucht mich meine Freundin aus unserem Dorf. Wir wollen etwas unternehmen. Ich besorge Karten für das angesagte Lindenkorso, ein großes Tanzcafe unter den Linden, Ecke Friedrichstraße.

Vor mir steht ein großer Herr, gut aussehend. Ich sage meiner Freundin Bescheid, Finger weg, der gehört mir. Später erzählt er mir, da habe auch keine Gefahr bestanden.

Wir tanzen und reden an der Bar. Erst nach längerer Zeit stellen wir uns vor. Ich sage, haben Sie aber einen komischen Namen. Eigenartig ist dieser Name, der Mann auch. Er sei Physiker, sagt er, und geschieden sei er, habe einen Sohn und habe einen Mann im Ohr.

Mich schreckt nichts, ich höre eigentlich nicht richtig hin. Ich sehe seine Augen, irgendwie eckig, leicht lächelnd mit einem ironischen Innenton. Ich sehe ein klares, klassisches Gesicht mit einem vollen Mund, einer graden, schmalen Nase und eine hohe Stirn, einem kantigen Kinn, fast wie im Kitschroman zu beschreiben. Lange schmale Hände hat er auch noch. Kein Partylöwe, Substanz.

Er bringt mich nach Hause, die Küsserei ist nicht so überwältigend, aber auch das stört mich nicht. Ich gucke schon hinter die Kulissen.

Wir treffen uns ein paar mal, dann kommen die Semesterferien. Ich warte in meinem Dörfchen auf Post. Es kommt nichts, er ist an die Ostsee gefahren. Ich bin enttäuscht und wütend. Zwischendurch in Berlin finde ich die ganze Post; er wusste meine Heimatadresse nicht. Es sind wahrlich keine glühenden Liebesschwüre, eher, was er so da macht, und zum Schluss ein paar Sätze, dass er an mich denkt und sich erinnert und sich schon freut. Das ist ausreichend, überzeugend. Kein Gelaber, keiner, der etwas erfinden muss, jemand, der nicht sagen muss, dass ein Tisch ein Tisch ist, man sieht es ja.

Ich fahre prompt trotz Ferien nach Berlin, als er wieder da ist, und weil ich tatsächlich meine Schlüssel vergessen habe, muss ich bei ihm in seiner Einzimmerwohnung im Hinterhaus übernachten.

Das schafft er, bittet mich aber am nächsten Morgen, das nicht zu wiederholen, das sei denn doch zu viel.

Auch das überzeugt. Und so bleibt das bei.

Er fährt am Wochenende zu seiner Mutter in die alte Heimatstadt, dicht an der Oder, ich fahre nach Hause.

Wenn ich wiederkomme, liegen Blütenzweige vor meiner Tür.

Wir verabreden, uns einmal pro Woche zu treffen, wir haben ja beide zu tun. Unvergesslich sei das erste mal, behauptet man. Ich kann mich nicht erinnern, nur, dass er mir noch einmal die Wahl lässt, und ob ich sicher sei. Das bin ich. Wir schlafen zu zweit auf meiner schmalen Liege, dieser große Mann und ich. Es ist uns nicht zu eng. Ich vermeide lange zu engen Kontakt mit Wasser, immer, wenn er da war, ich will ihn solange es geht bei mir behalten.

Wenn ich noch Abendbrot mache, und jetzt mache ich es, sitzt er und liest in meinen Märchenbüchern, der Physiker, der seine Promotion vorbereitet. Wenn ich ihn besuche, hat er das Abendbrot auf einem Teetischchen fertig. Ich wasche keine Hemden.

Stolz präsentiert er eines Tages seinen Trabant, wir brauchten nicht mit der U-Bahn zu fahren, zum Tierpark. Er macht sich nichts aus Tieren und hat ungeheuren Heuschnupfen. Mir zuliebe fahren wir dahin. Als ich einen Esel streichle, verlangt er, dass die Fransen an meiner

Bluse, die der Esel mit dem Maul berührt hat, abgeschnitten werden. Es ist eine aus Rumänien mitgebrachte, originale Trachtenbluse. Ich finde das blödsinnig, aber bitte.

Und damit haben wir schon die ganze Konstellation.

Wir bleiben zusammen, wir mögen uns sehr, wir freuen uns über uns. Wir gehen viel spazieren, das kann man in Berlin hervorragend. Ich höre manches staunend, dass jemand so fixiert ist auf die Idee von außerirdischem Leben. Ich, die ich von Naturwissenschaften kaum etwas verstehe, begreife ihren Ansatz. Mein erster echter Freund in der Schule, 8. Klasse, war auch schon so ein Kaliber gewesen.

Ich bewundere meinen Freund, er ist ebenso intelligent wie bescheiden. Und tatsächlich, er riecht gut. Und er hat eine bräunliche Haut und seine Brust pulsiert leicht. Sein Entgegenkommen ist immer eine Mischung aus deutlichem Wunsch und Zurückhaltung. Er lässt mir Platz.

So glaube ich wohl auch, dass es nichts macht, wenn er wiederholt sagt, dass wir wegen unserer verschiedenen Anschauungen gar nicht zusammenpassen. Sagt er, trennt sich aber nicht von mir. Und ich denke, red' du man.

Ich will ihn nämlich nicht mehr hergeben. Auf so einen habe ich doch so lange gewartet, einen Besonderen.

Ich hätte schon ahnen können, wie besonders er ist. Getreu meines Vaters Motto: immer rankommen lassen, tue ich das, unreflektiert. Ich sehe ja, dass der Mann mich braucht.

Auf Fotos aus seiner Jugend sehe ich einen mit vierzehn Jahren erwachsenen Jungen, elegant und in sich gekehrt, lang, schlaksig, einen Hauch von Unnahbarkeit und Einsamkeit um sich rum. Ich bin mir sicher, dass der Mensch auch schon damals meine Aufmerksamkeit erregt hätte. Aber da war ich gerade mal fünf Jahre alt. Die Vorstellung amüsiert, passt aber irgendwie, so, als habe der Mann gewartet. Auf mich kleines, rundes, freches und fröhliches Ding. Diese abgedroschene Phrase passt tatsächlich, ich weiß das. Manchmal hat die Pilcher doch recht.

Alle hätten von ihm abgeschrieben, erzählt er, gedankt hätten sie es ihm nicht. Was mir dazu alles einfällt. Und es habe lange gedauert, bis er sich wehren konnte.

Er habe in den Naturwissenschaften nichts lernen brauchen, an der Gretchenfrage sei er im Abitur aber fast gescheitert. Die Lehrer konnten nachsichtig sein, das Leben würde es nicht sein.

Nach und nach erfahre ich bruchstückhaft die Familiengeschichte.

Auch hier ist wieder alles anders als bei mir. Hier gab es Positionen, wie preußisch-königlicher Baumeister, Turnlehrer beim Herzog von Schwerin oder Deichhauptmann im Oderbruch mit eigenem, dienstlichem Dampfboot und einem Kutschwagen plus Pferden zu Lande. Der Vater, gleichen Namens und gleicher Graduierung, leitete Chemiewerke, war in der SPD und schützte seine Leute vor den Nazis. Er legte die Schichten so, dass die Gewerkschafter sich besprechen konnten. Schon dessen Vater hatte im Ort die SPD-Gruppe gebildet, wo das doch seinerzeit verboten war. Nach dem Krieg ging er nicht in den Westen, aus persönlich-familiären Gründen ebenso wie aus Verantwortung – hier muss doch auch wieder einer etwas aufbauen –, sondern arbeitete zuletzt beim Ministerium, Wiederaufbau der pharmazeutischen Industrie. Mit sechzig Jahren Herzinfarkt, zu viel Arbeit, diese zu unregelmäßig, zu viele Zigaretten. Letzteres erfahre ich allerdings erst Jahrzehnte später.

So lerne ich meinen Schwiegervater leider nicht mehr kennen. Ich bin ganz sicher, dass wir uns gemocht hätten. Und seit ich weiß, dass er Geibel und Hesse zitieren konnte und wohl um vieles andere wusste, bedauere ich das regelrecht.

Der Besitz, eine große Villa, erst vom deutschen, dann vom russischen Generalstab besetzt, geht nach dem Krieg, beim Auszug der Russen, in Flammen auf; verloren, entschädigungslos. Die Villa wird angesteckt und brennt einfach aus; es habe kein Wasser zum Löschen gegeben. Gegen den erklärten Willen des Vaters werden die Mauern auseinander gerissen, wofür schweres Gerät notwendig war, und die Steine anderweitig verwendet. Der königliche Baumeister hatte sein Handwerk verstanden. Trotz bezahlter Versicherungen bei der Brandenburgischen Feuerversicherung und dem Nachweis, dass es sich hier nicht um eine direkte Kriegsfolge handelte, erklärt auch deren Nachfolger, die Hamburg-Mannheimer, da könne man nichts mehr machen.

Das Grundstück ist noch da und die verwitwete Mutter hat mit unglaublicher Energie und Haushaltsdisziplin einen akzeptablen Flachbau darauf errichtet, der jüngere Bruder wird wieder ein großes Haus daraus machen.

Vier Kinder waren sie. Eine Schwester starb mit achtzehn Jahren an einer nicht erkannten Blinddarmentzündung, die zweite Schwester hat einen Sudetendeutschen geheiratet und ist schließlich nach Westberlin gezogen, von da aus nach Westdeutschland. Auch dieser hatte es nach der Wahrnehmung des Rechts auf freie Rede vorgezogen, nach Westberlin zu gehen, anstatt das Ergebnis für einen Präzedenzfall zur Verfügung zu stellen. Vielleicht hatte er von unserem Großwildjäger gehört oder von Ähnlichen.

Schon damals eine für die ganze Familie langwirkende und starkwirkende Entscheidung. Dass das in später Folge einmal noch etwas mit mir zu tun haben könnte, darauf wäre ich nie gekommen. Meine Schwägerin hätte in mir eigentlich eine Schicksalsschwester sehen können. Der jüngere Bruder lebt am Ort. Die Auffassungen von ihren geschwisterlichen Rollen scheinen eher konträr. In dieser Familie wird über Inneres nicht viel geredet, man hält sich mit Fakten auf. So kann ich mir kein genaueres Bild machen.

Mein Mann muss sich, trotz Bestnoten, sein Physik-studium erkämpfen. Er weiß, dass er es nur mit Noten schaffen kann. Da ist kein Bonus, und es gibt auch kein den Leistungen eigentlich zukommendes Leistungsstipendium, denn er entstammt der »Intelligenzia«. »Von der Sowjetunion lernen heißt siegen lernen« und »Die Revolution frisst ihre Kinder«. Physik fällt ihm zu, Chemie könnte er erfunden haben. Er wird Hilfsassistent, eine Stelle an einem Forschungsinstitut bekommt er nicht, und er ist auch ein Passiver, nicht in der Partei.

Mai-Demos und dergleichen sind nicht seine Sache. Von Anfang an hält er sich an Fakten. Nicht glauben, sondern wissen. Der Marxismus, erklärt er mir, ist auch eine Religion, Ersatzreligion. Dass es für alle Menschen gut sein soll, das will er auch. Dazu hätte schon eine Zwei-Zimmer-Wohnung für seine kleine Familie in erster Ehe gereicht. Er ist sich der Leistung seiner Vorfahren bewusst, darauf herumreiten tut er nicht. Eine Wohnung gabs aber nicht, man ließe sich nicht erpressen. Er sei auch ein unzuverlässiges Element, lässt die Gewerkschaft in seinem Betrieb wissen. Da hilft auch keine Doktorarbeit mit *summa cum laude*, neben der Arbeit angefertigt.

Diese stellt theoretisch wie praktisch eine neuartige Methode der Datenspeicherung vor, gefolgt von mehreren in- und ausländischen Patenten. So jemanden könne man nicht auch noch bevorzugen. Die Laborleitung protestiert; für solche Leute zählen noch Ergebnisse. Auch sie sind aber vom Fortschritt längst überholt, vorsintflutlich! Umsonst.

Wovon schreiten wir eigentlich fort? Das hat mal jemand gefragt. Aber ich, ich bevorzuge den Mann vor allem, was mir je über den Weg gelaufen ist. Ich verlobe mich mit ihm, im November 1972 und wir ziehen in seine Hinterhauswohnung, doch komfortabler als mein Kabuff.

Dahinein jedoch hole ich eine meiner Freundinnen aus der Oberschule, eine Künstlerin, die in einem ungeliebten Beruf und in der Enge von Dorf und Bezirksstadt stecken geblieben ist. Sie und noch eine weitere Freundin aus meiner Zeit in der Klinik schaffen so den Absprung.

Ich bin neun Jahre jünger, was man uns zeitlebens nicht ansieht, und der Mann war schon verheiratet und hat einen etwa zehn jährigen Sohn und ist nun promoviert. Aber immer wieder erfasst mich ein mütterliches Erbarmen, wenn ich von zu wenig Essen in der Kindheit und Jugend höre, davon, dass er in der Familie eingesteckt hat, was nicht ihm hätte zukommen sollen, usw.

Ich, die Verwöhnte, sehe, was der Mann besitzt. Das reziproke Verhältnis, viel Geist, kaum Besitz, Schulden. Ein Auto Marke Trabant, das noch abbezahlt werden muss. Ein paar klapprige Kunststoffmöbel. Da steht auch nichts drin und nichts drauf. Der Haushalt besitzt keinerlei technische Ausrüstung. Die Garderobe ist ein Witz. Ihm macht das nichts aus, auch eine Art von Autonomie. Er hat eine Schwester in Westdeutschland, verheiratet und es geht ihr gut. Sie hat symbolische Bedeutung. In der Kindheit habe sie ihm immer beigestanden. Des Bruders Herz hängt an ihr. Sie war hier und hat gesehen. Sie hat ihn längst vergessen. Das sehe ich, ich habe den Vergleich. Ich kann und will ihm das nicht klar machen. Nur weiß ich jetzt schon, dass da nichts drauf zu setzen ist.

Wir machen schöne Urlaube in Thüringen, auf Rügen und auf der Halbinsel Hela in Polen. Wir besuchen abwechselnd unsere Elternhäuser. Ich fühle mich in seinem nur bedingt wohl. Es ist mir zu unlebendig, zu rückwärts gewendet und von einer viel zu traditionellen Rollenverteilung geprägt. Für ihn ist es aber Flucht aus der lauten und zu bedrängenden Großstadt. Und es ist eben Heimat. Er holt ab und zu seinen kleinen Sohn zu sich, der bei der Mutter lebt. Mein Mann ist nicht der Spaßvater. Er rennt nicht um die Wette mit dem Jungen, er thematisiert nicht die vielen Defizite, mit denen das Kind leben muss, statt ihn zu umarmen, gibt er ihm die Hand.

Eine ganze Menge beziehungskrüppelig ist das schon. Wenn es möglich gewesen wäre, hätte ich den Jungen zu uns genommen, aber das ging ja nicht. Überhaupt erzählt mein Mann wenig von seiner ersten Ehe. Klar scheint, dass es eine höchst unzureichende Kommunikation und wenig gemeinsame Vorstellungen gab. Andere, höchst wesentliche Faktoren, werden völlig ausgespart. Ich entdecke sie dann selber. Und wie unfähig mein Mann ist, sich in jemanden hineinzuversetzen, ja kaum auf die Idee kommt, das sei nötig, das würde ich noch merken.

Immer wieder passiert das, das schuldlos schuldig werden.

Ich mache mein Examen und wir können endlich heiraten. Es wird die gewünschte große Hochzeit mit allen Verwandten. Auch meine Verwandten aus Westdeutschland kommen. Sie scheuen, obwohl auch schon älter, keine Mühe. Ich wohne nun direkt an der Mauer, Übergang Bornholmer Str. mit seinen wunderschönen Jugendstilbögen an den Brückenseiten.

Dort wird mein Großcousin Rüdiger aus Kaufbeuren mit seinem Mercedes gute zwei Stunden aufgehalten, alles wird durchsucht. Mein Opa, das Geld unter den Schuheinlegesohlen, bibbert doch etwas. Aber diese sind hart gesotten; Rauswurf aus der Tschechoslowakei, drohende Verhaftungen, Leben in der Halbillegalität, Armut, Wiederaufbau mühsamst in Bayern, Krankheit und Hilfestellung nach allen Seiten und so vieles andere mehr stählen. Nun werden sie, die so viel abgegeben haben, seit vielen Jahren von diesem ihrem Neffen Rüdiger und seiner Frau Heidi, gestützt. Dieser hat seiner bigotten Heimat in jungen Jahren den Rücken gekehrt und sich mit seiner Frau eine neue Existenz aufgebaut. Auch das ist wieder hart, aber sie schaffen es. Dass er dann doch in gutem Glauben auf einen schon bankrotten Unternehmer hereinfällt und mit seinem Privatvermögen haften muss, ehrt sie beide.

Davor erretten sie die Cousine, meine Mutter, von ihrer unsäglichen Migräne, ausgelöst von einer chronischen Entzündung des Trigenimusnervs. Sie bezahlen mehrere Jahre die Behandlung durch einen Heilpraktiker in Bad Wörrishofen. Meine Mutter ist Frühinvalidin und darf daher zu Besuch in den Westen fahren. Sie helfen nach allen Seiten und könnten nicht großzügiger an meinen Großeltern handeln als eigene Kinder. So verlängern sie erst das Leben meines asthmakranken Großvaters, dann das der zuckerkranken Tante Emmy, seiner zweiten Frau, diese beiden mit den roten Schuhen.

»Unser Leben wäre viel ärmer ohne Heidi und Rüdiger«, sagt mein Großvater noch zu seinen Lebzeiten, und das meint er nicht nur materiell, wie er sagt und wie ich weiß.

Wie gesagt, ich habe Vergleiche.

Wir fühlen uns wohl miteinander und 1976 wird unser erstes Kind geboren, ein Mädchen, Nora. Die Namenwahl ist nicht zufällig. Mein einfallsreicher und fleißiger Mann versucht unsere Hinterhofwohnung babytauglich zu machen. Er zieht in dem schmalen Innenklo Wäscheleinen ein, kauft im An- und Verkauf am Rosenthaler Platz eine gebrauchte Waschmaschine, noch ohne Schleuder, und klopft den Kalk Zentimeter für Zentimeter von der Trommel.

Die Schleuder wird dazu gekauft und tanzt des öfteren in der Küche herum. Die Halterungen der Wäscheleinen müssen immer wieder neu eingegipst werden. Wegen Überlastung reißen sie aus der Wand heraus. Es gibt keinen Wäschekeller, auf dem Hinterhof kann man keine Wäsche aufhängen. Was ein Trockner ist, das wissen wir nicht einmal. Und wenn es so etwas gäbe, dann müsste man wahrscheinlich sieben Jahre darauf warten.

Nachdem mein Mann die ganze Außenwand des Wohnzimmers mit Styroporplatten abgedichtet und diese angemalt hat, fällt auf, dass die Platten nicht feuerfest sind. Er reißt alles wieder ab. Den gesetzten Herd in der Küche bringt er zum Funktionieren, so dass ich Windeln und Sonstiges kochen kann und die Küche heizen. Wir haben aber auch einen Gasherd. Da sitzen wir abends, wenn Nora schlafen muss. Um 4.30 Uhr muss er aufstehen, denn bis zu seinem Betrieb ist es eine längere S-Bahnstrecke und ein längerer Weg bis zur S-Bahnstation. Ich kriege das so früh kaum hin und wenn Nora nachts schreit, verschlafen wir schon mal. Das kleine Mädchen ist aber ganz pflegeleicht, isst gut, schläft gut und spielt ruhig. Und wir leben ein normales Alltagsleben »Zurückgezogen, ohne viel Außenkontakt«wird es mal in unseren Stasiakten heißen. Stimmt.

Gut geht es aber trotzdem nicht, denn die Lage spitzt sich zu. Alle Versuche, eine andere Wohnung zu bekommen, bleiben fruchtlos. Die Begründungen haben sich nicht geändert. Mein Mann hat sich auch nicht geändert. Seine Versuche, eine ihm adäquate Arbeit zu bekommen, scheitern sämtlich. Für die Umsetzung der Ergebnisse der Doktorarbeit fehlten die Mittel, so die Auskunft.

Für Führungspositionen fehlt die Zugehörigkeit zur SED. Die fehlte ihm auch für einen Verbleib an der Universität. Und ganz generell müsse er verstehen, dass die Parteiarbeit verstärkt werden müsse. Klar, er ist bloß Physiker, und er würde aber doch in diesem Staat arbeiten, bis jetzt. Dafür hat er viel getan.

Zugehört hat er schon ganz gut, hörig ist mein Mann nicht, zunehmend zweifelnd allemal.

Vielfach bescheinigt man ihm Überqualifikation, eine deutschlandweit taugliche Formulierung, wird sich zeigen.

Es gipfelt in dem durchaus üblichen Verlangen, er möge schriftlich erklären, dass er keinerlei Verbindungen zu seiner Schwester in Westdeutschland aufnehmen und pflegen wolle und werde. Er soll der Schwester gegenüber sagen, schreiben, dass sie nicht mehr seine Schwester sei. Dann könne man ihn im Ministerium einstellen.

Und das würden doch die meisten unterschreiben, das würde eigentlich keiner richtig ernst nehmen, bedeutet der Mann ihm, es gut meinend.

Mein Mann weigert sich. So etwas unterschreibe er nicht. So etwas schreibe er auch nicht seiner Schwester.

Und darin sind wir uns einig, aus Prinzip.

Es ist doch erstaunlich, dass ein Mann, der lärmempfindlich ist, so dass ihn die Kräne auf der Spree stören, der Heuschnupfen hat, krass, der öfter von Kopfschmerzen heimgesucht wird, dem immer wieder vom Kantinenessen schlecht wird, wie er meint, usw. eine solche Hartnäckigkeit zeigt. Und er steht doch so unter Druck. Er will ja nur Physiker sein, aber das unbedingt, und nun auch eine zweite Familie ernähren. Wie steht er vor seiner jungen Frau da?! Die hat nach einem halben Jahr ihre Lehrtätigkeit in Berlin-Mitte aufgenommen.

Eben, wie steht er da, wenn er das macht, vor sich und ihr. Er weiß schon, dass er sich da nicht zu rechtfertigen braucht.

Sollen wir um des persönlichen Fortkommens Willen unsere Geschwister leugnen?.

Dagegen gibt es den Bruderkuss im Fernsehen! Immerhin. Nach DDR-Lesart kann man brüderlich sein, ohne überhaupt Brüder zu haben, schlimmer noch, sie nach Belieben an- und abschalten? Auch hier haben wir den Faschismus besiegt, oder?

Braucht man kein Original, kann man die Kopie manipulieren, das Klonen, das »Verstandpunkten«, schrankenlos, endlos.

Das hat Schiller nicht gemeint, Schiller, adé.

Wir müssen das nicht mehr, das mit den Ehrenmorden, auch nicht im übertragenen Sinne. Dahin wollen wir nicht kommen. Auch und gerade deswegen nicht, weil wir allen Menschen brüderlich verbunden sein wollen. In

Liebe zu deinen Geschwistern, in Liebe zu den anderen Menschen, nur so geht es. Und niemand hat das Recht, uns Auswahlkriterien aufzuzwingen, eine Pseudoliebe zu inszenieren.

Wir verteidigen unser Recht auf Liebe. Aus Prinzip ebenso wie im Konkreten.

Schiller willkommen.

Wehret den Anfängen.

Wo sind wir hingekommen, Adam, und wo warst du? Das fragt von der Bühne, ganz am Rand, dicht am Publikum, Elsa Grube-Deister das Publikum im Deutschen Theater, in dem Stück um den irischen Bruderkrieg. Sie fragt das stellvertretend für das Publikum.

Im Theater ist es totenstill. Ich weiß, dass sie auch schon für mich spricht, dass das für mich auch heißen wird, wo werden wir hinkommen, ich weiß, dass sie für mich spricht. Und ich sehe, dass sie meine Fragen stellt.

Wohin ist es mit uns allen gekommen?

Ich kann meine Tränen kaum zurückhalten. Da bin ich schon schwanger mit meinem zweiten Kind, wieder ein Wunschkind.

Die Situation wird immer unerträglicher. Mein Mann kommt nach Hause und übergibt sich. Alle Erwägungen, ob und wie man die DDR verlassen solle, führen zu dem Ergebnis, dass das nur auf einem legalen Wege verantwortbar ist. Ich will meine Familie nicht unnötig in Schwierigkeiten bringen. Ich rechne nicht wirklich mit drastischer Verfolgung ihrerseits, will aber nichts Vermeidbares riskieren. Für uns habe ich keine Angst.

Überraschenderweise darf mein Mann seine Schwester 1977 im Sommer anlässlich ihrer Silberhochzeit besuchen.

Wir verabreden, dass – wenn es aussichtsreich ist, dass wir im Rahmen einer Familienzusammenführung nachkommen könnten – er da bleibt. Es ist nicht auszuschließen, dass das sogar das Kalkül der DDR-Politiker war. Vielleicht hoffte man, das leidige Problem so los zu werden. Die Behörden in der Bundesrepublik erklären, dies sei völlig unwägbar und von ihnen nicht zu beeinflussen. Ich bin zu allem entschlossen, auch zu öffentlichem Protest, wollte man mich festhalten.

Mein Mann kommt zurück.

Wir schreiben einen Antrag auf Entlassung aus der Staatsbürgerschaft der DDR und geben ihn im November 1977 bei der Stadtbezirksbehörde unseres Wohnbezirkes ab. Der Antrag enthält als Begründung die Erfahrungen bei der Arbeitssuche, die mein Mann einem Berufsverbot gleichsetzt; er stellt detailliert seine Bemühungen um eine angemessene Arbeitsstelle und deren Ergebnisse dar.

Wir erklären, dass wir nicht mit der Verengung des Familienbegriffes auf Eltern und Kinder einverstanden sind, wonachunsere Verwandten in der Bundesrepublik ausgeschlossen sind. Die Verknüpfung von Berufsaussichten in der DDR mit der Aberkennung von Geschwistern in der Bundesrepublik akzeptieren wir nicht. Der Widerspruch zwischen diesem Familienbegriff und diesem Ansinnen scheint noch niemandem aufgefallen zu sein.

Wir protestieren gegen die Wohnungssituation und deren diskriminierende Begründung.

Und wir erklären, dass wir persönliche Freiheit einfordern und nicht mit dem Leben innerhalb einer Mauer einverstanden sind.

Was wird uns passieren? Ich bin mit dem zweiten Kind schwanger. Ich verständige ein paar Tage nach Abgabe des Antrages, den man uns mit der Begründung zurückgibt, so ein Antrag wäre gar nicht statthaft und den wir daraufhin mit der Post schicken, meine Schuldirektorin. Ich will nicht warten, bis die Schulleitung von oben informiert wird. Es ist samstags, ich werde beurlaubt.

Die Direktorin ist höflich. Sie vermutet stets, dass ich mit Kurt Hager verwandt sein könnte, dem Mitglied des

Politbüros und Sekretär des Zentralkomitees der SED, wohl wegen der relativen Seltenheit dieses Namens. Obwohl ich das immer verneine, ist sie nicht überzeugt. Das muss mich auch gerettet haben, als ich auf die Frage einer Sechstklässlerin, was die Gestapo sei – der Begriff kam in einem Text vor – geantwortet hatte, das sei so etwas Ähnliches wie die Staatssicherheit. Übers Wochenende wurde ich dann von ihr ins Büro zitiert und gefragt, ob ich das in der Klasse gesagt hätte. Da wurde mir erst bewusst, was ich da gesagt hatte. Ich hatte das nicht als politische und bewusste Provokation geäußert, sondern als ganz sachliche Antwort: beides eine Geheimpolizei mit unbeschränkter Macht.

Stört mir meine Kreise nicht; die Selbstverständlichkeit ist eben das Schlimme.

Wie unbeschränkt die Macht beider war, das habe ich erst Jahre später erfahren.

Wer hatte das zu Hause erzählt und wer war in die Schule gekommen, das anzuzeigen?

Ich dachte, das ist keine Situation, wo du den Hahn dreimal krähen lassen musst und habe die Äußerung bestritten. Das gesagt zu haben, könne ich mich nicht erinnern.

Die Direktorin hat es dabei bewenden lassen, vielleicht war sie zusätzlich auch noch menschlich.

Menschliche Reaktionen habe ich in dem Kollegium verschieden erlebt. Durch meine Kinderzeit vor und nach der Geburt meines ersten Kindes und auch einen längeren Krankenhausaufenthalt gleich zu Beginn der Anstellung hatte ich noch keine so festen Bindungen zu meinen Kollegen aufbauen können. Aber ich erinnere mich noch heute angenehm an sie. An dieser Schule in Berlin Mitte zu unterrichten war nicht so einfach. Es war eine lohnende Aufgabe, denn die Kinder waren schon sehr gemischt und von handfester Disziplinlosigkeit. Großen Respekt genoss die Schulsekretärin. Sie wohnte selber im

Kietz und kannte alle Eltern. Wenn die ganz jungen Kolleginnen nicht klar kamen, riefen sie im schlimmsten Fall die Sekretärin zu Hilfe, die Ruhe und Ordnung wieder herstellte.

Eine der sehr angesehenen Lehrerinnen war eine schon ältere Deutschlehrerin. Sie erzählte mir, wie ihr Vater sowohl zu Kaisers als auch zu Hitlers Zeiten im Gefängnis gewesen wäre und wie sie nun versuchen wolle, auch hier etwas Anständiges zuwege zu bringen. Und das gelang ihr offensichtlich. Sie schloss mit der Bemerkung, dass, wenn ich so bliebe, wie ich jetzt sei, ich auch in der Bundesrepublik Schwierigkeiten haben würde. Sie wünschte mir alles Gute. Wenn ich es noch recht erinnere, hieß sie Süß.

Ich bin der Frau noch heute dankbar. Es ist wie die Unterstützung für einen outlaw.

Dagegen gab es einen bei den Schülern allseits beliebten Lehrer, der die Schüler mit seinen Reden angeblich zu Tränen rührte, der unausgesetzt die Verhältnisse kritisierte und an nichts und niemandem ein gutes Haar ließ, sich zum Zensor und Durchseher stilisierend, leidend an den mangelnden Möglichkeiten zur Entfaltung seiner eigenen Größe. Er war, meiner Erinnerung nach, Musiklehrer.

Dieser wandte sich nun vehement und lautstark, gar nicht gefragt, in den Pausen gegen so einen Schritt. Also das ginge nun doch zu weit, man könne und müsse ja, aber das, also nein, da stimme er nicht überein, usw., den Gegensatz von fromm und frömmelnd illustrierend.

Ich dachte, du kitschiges Arschloch. Was für ein Gegensatz zu meinem Mann.

Die meisten der Kollegen verhielten sich neutral und freundlich, auch als ich noch einmal kam, mein Fach auszuräumen. Und das ist in Ordnung. Die Menschen haben auch das Recht auf Selbstschutz. Und auch darauf, einen solchen Schritt für sich nicht für notwendig zu halten. Das ist es eben, jeder nach seiner Maßgabe. Allerdings, für diese Möglichkeit einzutreten, wäre schon jedermanns

Aufgabe gewesen. Hatten wir richtig verstanden, wer Voltaire war? Ich bin zwar nicht ihrer Meinung, aber ich würde mein Leben geben, dass sie diese sagen dürfen.

Sonderlich praxistauglich ist das nicht, wenn wir das aber aufgeben, geben wir uns auf.

Aber wie willst du das machen, angesichts einer Mauer drum rum. Es war noch nicht so weit.

Und es ist ja auch nicht ganz in Vergessenheit geraten, nur zwölf Jahre später sind es dann ganze Sprechchöre. Ich kann wieder mitsingen »We shall overcome «

So sind wir erst mal die Mauerspechte, die die ersten Lücken in die Mauer hacken sollten. Sie wird instabiler.

Wir übertragen unsere Risse.

Und das hat man wissen können, auch das dickste Mauerwerk bricht, wenn es zu viele Risse werden. Nicht einmal die chinesische Mauer blieb unüberwindlich.

Meinen Schritt habe ich selbst zu verantworten.

Die Beurlaubung wird von Dauer, was mir klar ist. Man kann nicht jemanden zum Staatsdienst heranziehen, der den Staat verlassen will, nicht in einer Staatsdiktatur.

Für diejenigen, die den Überblick verloren haben: ist das auch für die heutige oder damalige Bundesrepublik gültig, dass einer, der nach Kanada oder Polen auswandern will, automatisch seine Beamtenstelle verliert? Nach geltendem DDR-Recht hätte mir das aufgrund meiner Schwangerschaft zudem nicht passieren dürfen.

Man wird mir die Radikalenerlasse vorhalten, die Verfolgung von KPD-Mitgliedern oder ihnen vermutlich nahe stehenden Personen. Ihnen hat man unterstellt, die bundesrepublikanische Verfassung abschaffen zu wollen, Staatsfeinde zu sein.

Wenn ich also die DDR verlassen will, bin ich ein Staatsfeind. Wie entlarvend. Sicher, die Mauer ist ja gleich neben mir. Das macht klar, dass ich und jeder hier bleiben muss. Die Sowjetunion erklärt ihre Dissidenten für verrückt und steckt sie in psychiatrische Anstalten.

Wäre ich auch, ich wäre hier geblieben, in meiner Heimat, ohne meinen Mann. Ich will aber nicht ohne meinen Mann, und nun auch noch Familie. Und der kann hier nicht mehr. Und nun will er auch nicht mehr. Und das sehe ich und schlimmer, ich sehe es ein.

Und wenn das so ist, dann will ich sowieso nicht mehr so richtig; man muss sich empören. Dann muss ich sachlich und empört fragen: Warum?

Warum kann er nicht mehr wollen und kannte ich nur die halbe Wahrheit? Wessen Wahrheit ist das?

Warum kann mein Land mich zu einer solchen Wahl zwingen, politisch motiviert? Mein Mann wollte weder ein Attentat verüben noch einen Umsturz herbeiführen.

Wollten wir nicht Freiheit und wollten wir nicht Knechtschaft und Unterdrückung ausrotten?

Wo ist die Stelle des Verrats an unseren Idealen? Wie, wo und wann wurden wir korrupt?

Was für naive Fragen! Sagen wir nicht selber, dass wir eine Diktatur sind, die des Proletariats? Also doch Kästner.

Gibt es eine humanistische Diktatur?

Freiheit ist die Freiheit des Andersdenkenden, mahnte schon Rosa Luxemburg. Die Gedanken sind frei, das haben wir schon in der Grundschule in meinem Dorf gesungen. Vielleicht musste auch deshalb später, an der Universität, der Humboldt-Universität, eine neue Singegruppe gebildet werden. Diese Freiheit gibt es hier nicht, sehe ich.

Es werden Leute eingesperrt, weil sie staatsgefährdende Gedanken aufgeschrieben haben.

Hier muss nichts gerechtfertigt werden, das müssen andere, hier soll für euch Nachfahren erklärt werden, dargestellt, gemahnt.

Mir fallen die Frauen der Strelitzen ein, die den restlichen, der Hinrichtung entgangenen Männern freiwillig in die Verbannung folgen. Ihre Männer, Elitetruppe der Zaren, hatten 1698 gegen den Zar Peter I. geputscht.

Diese Wahl zwischen Pest und Cholera kann nur eine Kraft entscheiden, die, die meinen Mann aus dem erhofften gelobten Land hat zurückkommen lassen ins Gefängnis.

Und das ist die Liebe. Wo nichts mehr geht, geht sie.

Nicht umsonst werden wir aufgerufen, unsere Feinde zu lieben, denn mit etwas anderem kommen wir uns nicht bei. Ob wir das auch können, das ist eine ganz andere Frage; zu der Einsicht muss noch die Kraft kommen.

Ich habe mich als Kind immer gefragt, was Großmut ist. Das Wort kam stets in den Märchen vor; großmütig verzeiht jemand, verzichtet auf Rache und Strafe.

Großmütig versucht mein Bruder, mir zu helfen und zu vermitteln, wie schon sein Leben lang. Er hat ganz andere Ansichten, er ist dem Staat, noch viel mehr seiner kommunistischen Überzeugung verpflichtet, wonach der Mensch mehr sei als Hunger und Durst; eine Überzeugung, die aber auch andere haben.Und das versucht er umzusetzen. Schmeißt einer einen Dreck hin, versucht er sich darüber zu stellen und zu fegen.

Er sieht, dass er mich verlieren wird, was uns beiden nicht recht ist. Er sieht, dass ich nicht anders kann.

Wahre Liebe lässt den anderen gehen, wenn dieser will, selbst, wenn man es nicht versteht, wenn man dagegen ist, wenn man dabei verliert. Mein Bruder kann das.

Und so schallte Herrn Mielke das Hohnlachen der ganzen Republik entgegen. Ihm, der, völlig verständnislos für die Vorgänge, den Bürgern zurief, er habe doch alle lieb. Herr Mielke, politisch mitverantwortlich für den Tod und Ruin vieler Leben von DDR-Bürgern, verwechselt Liebe mit Besitz. Und Besitz muss man folgerichtig schützen, auch mit Gefängnis, Schussbefehl und Mauer. Die DDR-Bevölkerung ist leibeigen?

Entgegen seiner Auffassung und der Staatsdoktrin, wonach mein Bruder den Kontakt zu uns eigentlich hätte abbrechen müssen, versucht er zu helfen, wobei ich in diesem Falle auch davon ausgehe, dass die Partei ihn damit beauftragt hat. Dieser ist klar, dass nur er überhaupt etwas ausrichten kann und dass es gegenseitigen Respekt gibt.

Das übermittelte Vermittlungsangebot lehnen wir ab. Mein Bruder wird damit gerechnet haben.

Ich weiß, dass man nicht als gefallener Engel in diesem Staat leben kann und so woanders wohl auch kaum. Ich will meinen Kopf oben haben.

Auch der Vorschlag einer älteren Kollegin auf der pädagogischen Bezirksebene, zu der ich wiederholt kommen muss, ob ich nicht mein Problem durch eine Trennung von meinem Mann lösen wolle, ist nicht böse gemeint. Sie hatte mir ruhig zugehört, wie und wieso ich in diese Lage gekommen bin. Sie will mir aus dieser verzwickten Lage helfen. Aber das geht ja schon gar nicht mehr. Sein Problem ist längst meins.

Auf mein Warum hat es Antworten gegeben.

Ich erkläre ihr, dass das nicht in Frage kommt. Ich sage ihr, dass Liebe über Staatsräson stehen muss, wenn wir überhaupt eine taugliche Lebensgrundlage haben wollen. Und dass ich mich an Hitlers Zeiten erinnert fühle und dass das zu weit geht, wenn ein Staat in die Liebe eingreift und dass genau das der letzte Beweis ist, der letzte Grund. Anderschs Text kannte ich damals noch nicht.

Ich sage nicht, dass die Liebe eine Himmelsmacht ist, aber so meine ich das, auch ohne die Operettenzeile.

Und mir wird zum ersten mal klar, nachdem ich diese Zeile in meinem Leben hundertfach gehört habe, dass Himmelsmacht Liebe meint und dass es eigentlich heißen müsste, »Die Liebe, die Liebe, ist eine Himmelsmacht«. Und, ja eben, das sagte auch mein Pfarrer, Gott, das sei die Liebe. Und mir wird klar, dass diese Macht und die politische Macht sich ausschließen. Du sollst keine Götter neben mir haben, sagt die Bibel, das heißt du sollst keine Macht außer der Liebe anerkennen. Du sollst keine Macht außer meiner anerkennen, sagt die Diktatur. Dass die Männer der Kirche, gleichviel welcher Konfession, oftmals selber schlimmste Diktatoren waren und sind, denunziert sie als im Widerspruch zu ihrer eigenen Lehre befindlich.

Kein Wunder also, dass alle Diktaturen das Christentum entweder bekämpfen oder zu korrumpieren versuchen. Wie einfach.

Die Kollegin sagt, sie bewundert mich. Ich hoffte damals, es habe niemand mitgehört. Als ich das letzte mal in das Amt muss, ist sie nicht mehr da.

Und langsam erkenne ich, das es nicht nur um mein persönliches Problem geht. Ich stehe exemplarisch für einen Gegensatz, den dieser Staat geschaffen hat, der doch angetreten war, gegen Ausbeutung und Missachtung des Menschen die Menschenliebe und die Gerechtigkeit zu setzen, für die Freiheit des Einzelnen. Man hat uns plausibel erklärt, dass Karl Liebknecht und Rosa Luxemburg für solche Ideale gestorben sind.

Man mag es naiv nennen, aber genau das ist der Boden, der Tausende in diesem Land dazu bringt, mickrige Wohnverhältnisse zu ertragen, sich zwar lustig, wütend bis resigniert zu machen über Missstände und Idiotie, aber dennoch sein Bestes zu geben, damit das Gemeinwesen vorwärts kommt. Und das sind alle diejenigen, denen es nicht nur ums Essen geht, sondern die ein gerechteres Gesellschaftsmodell schaffen wollten und die das nicht als völlig deckungsgleich ansehen und noch während des Wendeprozesses eine Art demokratischen Sozialismus wollen. Wie viele von Ihnen das Übel der Macht erkennen, das sie korrumpiert hat und mit dem sie selber ihre Ideale korrumpiert haben, steht dahin. Es bedarf einer langen Aufarbeitungszeit, wir sind ja noch nicht mal mit den Faschismus fertig, und gibt es da Parallelen? Macht gegen Liebe und damit gegen Freiheit, das geht nicht gut. Es gibt keine gerechte Gesellschaft ohne Freiheit. Das würde heißen, dass es Gerechtigkeit ohne Liebe gäbe, gibt es nicht.

Und so fällt mir in dem gegenwärtigen Diskurs wieder ein, was ich vor so vielen Jahren im Religionsunterricht gehört habe, den Halbsatz »und hätte der Liebe nicht …« Und ich weiß jetzt, dass diese universell sein muss. Also doch Schiller.

Nur die Freiheit bietet die Möglichkeit zur Gerechtigkeit. Die Freiheit, sie ist der Raum, in dem Gerechtigkeit eingerichtet werden kann, nicht umgekehrt. Sie ist der Boden, die Gerechtigkeit das Korn.

Was gerecht ist, muss in einer Gesellschaft frei verhandelt werden können und darf nie per Dekret festgelegt werden. Das ist einer der großen theoretischen Irrtümer der DDR, dessen Folgen nur mit Zwang und Terror beizukommen ist.

Wenn man aber den Beginn der DDR, seine Gründungsvorgänge betrachtet, kann man von Anfang an nicht viel Vertrauen dafür finden, dass es hier um Freiheit, also um eine universelle Menschenliebe gegangen wäre. Obwohl ich glaube, dass daran viele ihrer Gründer und Beförderer geglaubt haben, Kästner hatten sie außen vor gelassen. Sie mussten, wie sie meinten. Ich bin völlig perplex, als ich in den Tagebüchern von Frisch über diese, die unmittelbare Nachkriegszeit und Gründungszeit der DDR die Frage finde, ob auf so viel Ungerechtigkeit, Exzess, Zwang bis Blutvergießen eine gerechte Gesellschaft gegründet werden kann und Aussicht hat. Und das wird in der DDR publiziert.

Haben wir auf faulem Grund gebaut? Das würde erklären, wieso die einen den Versuch, ihre Vorstellung einer gerechten Gesellschaft umzusetzen, schließlich aufgegeben haben, und die anderen über jedes Normalmaß hinaus versucht haben, das verkantete Getriebe, wie sie wohl meinten, zum Laufen zu bringen, zunehmend begleitet von Diktatorenmusik.

Braucht man Demut, um das alles immer wieder auszuhalten; Operation am offenen Herzen?

Glücklicherweise hat es auch nicht funktioniert, wie es historisch noch nie endgültig funktioniert hat.

Mein Mann jedenfalls hat kaum etwas als gerecht erfahren, was staatlicherseits sein Dasein bestimmt hat. Und ich werde persönlich zum ersten mal mit dieser Seite meines Staates konfrontiert. Bisher habe ich mich als Protegee empfunden und als jemand, der sich einig weiß mit denjenigen, die eine gerechtere Gesellschaftsordnung als die vorangegangenen schaffen wollten, was im Übrigen eine dauernde Diskussion darüber folgerte.

Müssen wir uns mit dem Unterschied von gerecht und gerechter zufrieden geben und wie viel Alibi liefert dieser Unterschied?

Wie das Echo auf einen längst statt gefundenen Vorgang, das nun erst sichtbare Licht einer zurückliegenden Explosion muss mein Problem den Moment widerspiegeln, in dem in meinem Land dieses Ideal implodiert ist, denunziert wurde. Und so bin ich tatsächlich ein Staatsfeind, denn ich mache diesen Prozess sichtbar.

Es sind nicht die vier Jahreszeiten und auch nicht der Kapitalismus, unser Staat erschafft seine Feinde selber. Und die Gefängnisse haben sich schon jahrzehntelang gefüllt mit denjenigen, die Vernunft, gerade, wenn sie etwas retten sollte, gegen Macht gesetzt hatten. Die Macht siegte. Brechts Bitte, wir mögen als Nachfahren gnädig mit unseren Vorvätern sein, die die Freundlichkeit in die Welt bringen wollten, prallt an Mauern und Gefängniszellen, an durch staatliche Gewalt bedrohten und verpfuschten Lebensläufen ab.

Und an den leer gelaufenen Seelen.

Die Liebe gegen die Macht, das ist es, was ich mir anmaße. Mit sechsundsechzig Jahren werde ich finden, dass das der ewige Gegensatz zwischen uns ist. Wir schaffen es noch nicht mit der christlichen Nächstenliebe. Aber Millionen Menschen beharren darauf. Wir geben nicht auf und wir haben auch keine Alternative.

Wir beide lassen nicht locker und berufen uns auf die jüngsten internationalen Abkommen, die die DDR unterzeichnet hat; die Deklaration der Menschenrechte und die Menschenrechtskonvention von Helsinki. Die Gespräche und unsere Eingaben, begleitet von unseren Gesprächsprotokollen, klettern die Amtshirarchien hinauf. Dank des Zuganges zur Staatsbibliothek und zur Stadtbibliothek können wir stichhaltig argumentieren.

Für uns zu Hause ist das keine gute Zeit und gar keine Zeit für Schwangerschaft. Es werden Lücken deutlich, mangelnde Sensibilität. Wir leben unseren Alltag. Ich habe keine Angst, mein Mann schon. Er wagt sich in die Ständige Vertretung der Bundesrepublik in der Hannoverschen Straße, um dort sicherheitshalber alle Papiere von uns zu hinterlegen. Wir sprechen ab, was ich machen soll, wenn er nicht zurück kommt.

Ich kann ihn verstehen, wer Druck hat, kann den schon mal weitergeben. Ich wünschte mir aber doch einen anderen Umgang. Ich denke, bleib ruhig, die Zeiten des Löwenzahns, des samtweich-zarten, kommen wieder. In so einer Zeit fragt man nicht so viel. Und es gelingt einem auch nicht, vorsichtige Bedenken hinsichtlich eines für übertrieben gehaltenen Optimismus in den neuen Staat zu sagen.

Aber ich habe in meinen vielen Jahren gelernt, zusammen zu leben und allein stark zu sein. Und ich genieße auch immer noch Berlin. Wir gehen am Wochenende in die Müggelberge oder besuchen jemanden.

Im Juni 1978 komme ich in das Krankenhaus.

Mein zweites Kind, ein Sohn, wird geboren, Arvid. Wir freuen uns sehr. Nun hat mein Mann zwei Söhne und ich einen und einen halben, doch.

Mein Mann besucht mich und hat einige Formulare bei sich, Karteikarten. Er zeigt sie mir und ich erkenne, dass das Grenzübertrittspapiere sind. Meine Mutter hatte solche Papiere, wenn sie ihren Vater und Tante Emmy in Kaufbeuren besuchte.

Ich erkläre ihm, dass wir es nun geschafft haben.

Zuvor hatte mein Mann, der immer noch in seinem Betrieb arbeitete, gekündigt. Er hielt es nicht mehr aus und wollte zeigen, dass es ihm ernst ist.

Auf unseren Antrag auf Entlassung aus der DDR-Staatsbürgerschaft bekommen wir zwar keinen offiziellen Bescheid, aber die Aufforderung, unsere Ausreise vorzubereiten.

Wir verkaufen unseren Trabant an Freunde, die später auch ausgereist sind. Ich kaufe für das Geld Bücher, Wäsche etc., damit wir erst mal ausgestattet sind.

Ein Buchhändler bittet mich, eines der wenigen Exemplare über Antiquitäten nicht zu kaufen, es gäbe davon in der BRD doch genügend. Das sehe ich ein.

Uns wird sowohl freigestellt, was wir mitnehmen wollen als auch der genaue Ausreisetermin. Wir entschließen uns, nur die so genannte bewegliche Habe mitzunehmen und geben Möbel und technische Geräte meiner Mutter, die damit ihr nun endgültig fertiggestelltes Haus ausstatten kann.

Mein Mann baut stabile Holzkisten, in die alles verpackt wird. Beim Zoll fragt mich der ältere Herr, ob auch meine Diplomarbeit in den Kisten sei, sie sei auf den Listen nicht aufgeführt.

Meine Diplomarbeit behandelte das Thema »Das Gesellschaftliche und das Privat«, betrachtet anhand des Romans Robinson Crusoe«. Ihre Erarbeitung ist eine der angenehmsten und interessantesten Phasen an der Uni, nicht zuletzt wegen des betreuenden Dozenten, dessen Tiefgang und großes Wissen uns beeindrucken. Und hier schaffe ich nun doch mal das Prädikat »Sehr Gut«.

Natürlich ist die Diplomarbeit in den Kisten, nur war mir die Mühe zu viel, dafür eine Ausfuhrgenehmigung von der Uni zu beschaffen. Ich bin mir nicht mal mehr sicher, ob ich von deren Notwendigkeit wusste. Nach einigem Hin und Her gibt es der Mann auf.

Es gibt keine großen Abschiedsfeiern. Von meinen Eltern verabschiede ich mich mit dem Hinweis, sie möchten sich einiger sein und nicht mehr so viel streiten. Später erzählt mir meine Mutter, sie hätten sich gefragt, was ich damit gemeint habe; denn doch Theaterdonner?

Von meinem Vater hatte ich mich schon verabschiedet. Er war 1972 gestorben, nach einem arbeits- und kampffreichen Leben. Anhaltend bin ich froh darüber, dass ich ihm noch von meinem Freund erzählen konnte. So konnte er beruhigt sein, dass ich doch einen richtigen Mann gefunden hatte. Das lag ihm am Herzen, er wollte, dass ich glücklich bin.

Und er war auch sehr einverstanden. Persönlich kennen gelernt hat er meinen Mann leider nicht mehr. Er lag schon im Krankenhaus und verstarb dort nach einem halben Jahr Aufenthalt an Leukämie. Uns Kindern war die Art der Krankheit nicht mitgeteilt worden. Nach vielen Jahren erst habe ich ihm alles vergeben, was ich vergeben zu müssen meinte.

Ich verstehe, dass die Enge des Zusammenlebens Ursache von Fehlverhalten war und dass die Zeitläufte meine Eltern überfahren haben.

Dass es mir in so Vielem genauso ergangen ist, darauf bin ich erst viel später gekommen.

Wir verabschieden uns von meines Mannes Familie. Mein Mann ist erleichtert und redet optimistisch. Die Familie meint, er tue so, als sei er schon Generaldirektor. Ich finde das nicht nett. Und mit nichts bestätigt mein Mann den Verdacht von Hochmut. Aber vielleicht fühlen die Menschen sich in so einem Fall zurück gelassen.

Von seinem Sohn aus erster Ehe verabschieden wir uns auch. Er verübelt es seinem Vater nicht, dass er ihn nun endgültig verlässt. Er ist siebzehn Jahre alt und kurz vor dem Abitur. Wir haben immer guten Kontakt zu ihm gehabt, sein Vater hat sein Besuchsrecht eingefordert, später war der Junge eigenständig genug. Erst nachdem er trotz der Abiturnote »Sehr gut« und einer dreijährigen Armeezeit, verlorene Zeit, mehrere Anläufe bis zur Genehmigung eines Studienplatzes für Humanmedizin gemacht hat, bringt er diese Hindernisse in einen Zusammenhang mit seines Vaters Ausreise. Dieser sieht solche Verknüpfungen kaum, zumal seinerzeit allen männlichen Gymnasiasten die Abhängigkeit von begehrtem Studienplatz von einer dreijährigen, freiwilligen Verpflichtung zur Armee bei den Werbegesprächen in den Oberschulen unmissverständlich deutlich gemacht wird. Persönliche Zusammenhänge mit sich zu sehen, ist auch nicht die bevorzugte Betrachtungsebene meines Mannes.

Wer will aber verhindern, dass einem jungen Mann, der Medizin studieren will oder überhaupt studieren will, diese Wechselwirkung nachgerade zwingend erscheint und er nichts riskieren will. So gibt er einen Teil seines Lebens ab. Der Staat will das nicht verhindern, so soll einer denken. Die Eltern sollen auch so denken, vielleicht überlegen sie es sich dann besser.

Drei Jahre Armee, das ist doch schließlich nicht das ganze Leben! Dieses und Weiteres muss der Mensch einsehen. Man muss den Menschen zu Verstand bringen. Das geht nicht, dass einfach jeder Alfred Anderschs lesenden Mönch irgendwohin bringen will, irgendwohin, wo er ungestört, unkontrolliert lesen kann, was und wie viel er will. Der lesende Mönch, nun längst der lesende Arbeiter, gehört in die Asservatenkammer und der Mensch an seinen Platz! Und was der richtige Platz ist, das kann er gar nicht beurteilen. Das sagt man ihm.

Und das bleibt vorläufig so bei.

7. Kapitel

Ausreise und Existenzkampf

Auch ich bin nun daran, Eltern, Geschwister und vor allem meine Heimat aufzugeben. Ich habe keine Zeit zum Reflektieren, ich bereite die Ausreise vor. Dass ich zwischen den Buchdeckeln und Wäschestapeln, überall wo Platz ist, den Kummer einpacke, noch in dichten Beuteln verschlossen, sehe ich nicht, ahne ich, kann ich nicht berücksichtigen und nicht thematisieren. Ich kann keine Rücksicht nehmen, ich muss vorwärts schauen. Ich stehe nun auch an der Weggabelung, x-mal gelesen, und kann nicht sicher sein, ob es geradeaus, links oder rechts weitergehen muss, aber gehen muss ich.

Und dieses mal endgültig grenzüberschreitend. Es geht nicht mehr hin und her, sei es auch weit, es geht nur noch weg.

Adé, mein Lieb,
ich muss jetzt gehn,
ich kann nicht mehr verweilen.
Und gehe ich auch,
ich kehre zurück,
sei es auch zehntausend Meilen, mein Lieb,
Sei es auch zehntausend Meilen.

»Die Taube«,
Schottische Folklore auf Amiga-Schallplatte

Das geht nicht mehr. Ich singe auch nicht: »Muss i denn zum Städtele hinaus.« Ich weine hemmungslos, als wir schließlich über den Bahnhof Friedrichstraße in Berlin ausreisen. Ich nehme nur beiläufig wahr, dass die Halle hermetisch abgeriegelt ist, in einem gespenstischen, kühlen Licht leuchtet und überall unten und oben und auf allen Ebenen auf Laufgängen Hunde laufen. Mit meinem Kinderwagen, in dem mein drei Monate alter Sohn liegt, meiner zweijährigen Tochter an der Hand und meinem Mann gehe ich durch die Kontrolle.

Die Grenzbeamten schauen erschüttert oder auch steinbeherrscht. Solche Szene ist ihnen nicht neu. Ich habe den Eindruck, sie kontrollieren nur flüchtig.

Mein Bruder bleibt draußen zurück, vor der Tür. Wir haben die letzte Nacht bei ihm und seiner Familie übernachtet. Er hilft mir bis zum Schluss, kein Wort des Vorwurfs oder des Zweifels oder gar, man werde schon sehen. Obwohl er damit auch Recht gehabt hätte.

Ich weiß noch gar nicht, worum ich da alles weine. Es ist das Bauchgefühl für das noch zu erlebende und das verlorene Leben. Stück für Stück habe ich in meinem neuen Leben gemerkt, worum ich alles geweint habe.

Mit jeder S-Bahn Station kommt der rettende Alltag durch. Es ist auch Tag geworden.

Wir wissen, Aufräumen und Kartoffeln schälen hilft bei Kummer.

Die jetzt über die Weidendammer Brücke über die Spree gehen, gleich nach dem Bahnhof Friedrichstraße, können sich schon wieder über deren Besonderheit freuen oder in dem dicht gelegenen Lindencorso Kaffee trinken, oder schauen, was das Berliner Ensemble oder das Deutsche Theater spielen, in denen wir so oft waren.

Und auch das ist gut. So gut, dass ich gerne einen Teil von mir diesem zurechne, auch dafür hat es sich gelohnt.

Wir verlassen Berlin, fahren durch das Gebiet der DDR, Gott sei Dank geht es nicht durch Mecklenburg. Über Gerstungen kommen wir gegen Mittag in Gießen an. Dort suchen wir uns die Straßenbahn. Dass wir ein Taxi bezahlt bekommen hätten, wissen wir nicht, eine Kleinigkeit, symptomatisch für das Viele, das wir zukünftig nicht wissen würden.

Nora muss groß, und weil sie es nicht mehr aushält, lassen wir sie kurz vor dem Lager, an den Straßenrand kacken. Was Hunde dürfen, darf unsere kleine Tochter auch. Im Lager werden wir eingewiesen und versorgt. In der Küche bekommen wir Babynahrung, Windeln, alles, was man braucht. Mein Mann wird über seine Pläne befragt, mich fragt keiner etwas. Ihm rät man, nach Mainz zu gehen, Industrie und Universitäten, beides gibt es dort und in der Umgebung. Das ist plausibel. Und wir sind ungefähr in der Mitte zu allen Verwandten, Ost wie West, bedenken wir.

Nach der üblichen Aufenthaltsdauer von drei Tagen, während der ich auch noch zum Zahnarzt muss, werden wir in das Aufnahmelager Osthofen eingewiesen.

Der Zahnarzt in Gießen fragt mich, was das für Inlays in meinen Zähnen seien, so hartes Material kenne er nicht und er wolle sich nicht seinen Bohrer ruinieren. Ich erkläre ihm, das sei in der Charitee gemacht worden. Die Inlays überdauern die Zähne selber und rufen noch nach zehn Jahren das Erstaunen der Zahnärzte in Mainz hervor.

Osthofen liegt dicht bei Worms und so machen wir mit dem Zug auch Ausflüge dahin.

Worms, das Nibelungenlied und später die Nibelungenstraße im Odenwald. In jedem Märchen gibt es so eine Tür, die man nie aufmachen, ein Zimmer, das man nicht betreten darf. Ich komme mir vor, als habe ich diese Tür nun geöffnet. Ich sehe jetzt als Erwachsene, dass die Nation hier weitergeht. Ich kann sie anfassen. Als Kinder sind wir mehrfach »Im Westen «, das letzte mal kurz vor dem Mauerbau in Miltenberg. Was man einem nicht wegnehmen will, das hält dieser nicht fest. Bei diesem Versuch mit den zwei Nationen haben wir festgehalten. Wir haben viele Jahre im Chor gesungen: »Ans Vaterland, ans teure, schließ dich an. Das halte fest mit deinem ganzen Herzen. Hier sind die Wurzeln deiner Kraft.« Dem Schriftsteller Walter Kempowski sind diese Zeilen, unmittelbar nach dem Krieg, noch verdächtig, mir nicht mehr. Auf dem Lande aufgewachsen weißt du, was Wurzeln sind und dass man sie braucht und dass der Mensch welkt oder misswächst wie die Pflanze, wenn man seine Wurzeln kappt.

Und daher hast du keine Mühe, anderer Leute Wurzeln zu achten, ebenso wie deine. Täglich sehen wir heute, wie der Verlust von Wurzeln und der Versuch zu ihrer Neubildung die Hunderttausende von Migranten in aller Welt umtreibt.

Und was dein Vaterland angeht, da hast du für dich die Deutungshoheit, ebenso wie andere für sich.

In Verbindung mit »und nicht über und nicht unter andern Völkern wolln wir sein«, Brechts Kinderhymne, ist das für mich europatauglich und darüber hinaus zu verallgemeinern.

Brecht sollte Vorbild für eine Europahymne sein. Den Amtseid der auch von mir gewählten Volksvertreter nehme ich ernst, auch für mich, und er sollte erweitert werden: Wir wenden von jedem Menschen und von der Natur Schaden ab. Dies wäre aufgrund der Globalisierung geboten.

In Osthofen bleiben wir drei Wochen. Es ist November, diesig, die Landschaft ist flach. Da kannst du nichts anfangen. Du warst doch immer Optimist, was ist jetzt los, du hast doch dein Ziel erreicht. Losgelöst bist du, ein im Wind flappendes Stück Papier. Kein Zuhause. Du bist im Nebel so unsichtbar wie die endlosen, grauen, starren Pappelreihen, die sich in den Horizonten der flachen, kahlen Felder verlieren. Um dich herum wirst du versorgt, innen stellst du dich tot, nach außen funktionierst du.

Endlich geht es von da nach Mainz. Ein Stück eigener, im Übergangswohnheim eine Einzimmerwohnung mit Bad. Dein Mann findet das prima und ist auch öfter in der Stadt unterwegs. Ich tappe mit Nora, denn die muss ja an die frische Luft, durch den undefinierten Winter, durch Straßen, die nichts mit mir zu tun haben, Häuser, in denen niemand wohnt, den ich kenne. Alle haben eine Wohnung, du nicht. Auch deine persönlichen Gegenstände sind noch alle weg, denn hier kannst du keine Kisten unterbringen. Kommst du vom »Spazierengehen« zurück, steht der kleine Arvid tränenüberströmt und weinend in dem Laufgitter. Ich erinnere mich, dass ich einmal durch die öde daliegenden Felder gegangen bin und so heftig geweint habe vor lauter Verlassen sein und Hilflosigkeit, dass Spaziergänger mir hilfreich beispringen wollten.

Was sollten sie machen?

Langsam wird es Frühling und es wird besser. Seit Januar weiß ich auch, dass ich schwanger bin, vielleicht auch daher das seelische Tief. Seither kann ich nachvollziehen, was man mit dem Loch meint, in das einer fiele. Dass zwischen Geburt meines Sohnes und Zeugung dieses Kindes nur ein Vierteljahr liegt, das mache gar nichts, beruhigt mich mein Arzt, im Gegenteil könne das dem Kind nur nützen, der Körper sei noch so recht eingestimmt. Das Ergebnis wird diese Auffassung bestätigen.

Nun ergreife ich endlich die Initiative und werde unablässig im Wohnungsamt vorstellig.

Endlich bekommen wir ein Wohnungsangebot und der junge Mann auf dem Amt rät uns zu. Wir schauen uns die Wohnung an. Sie ist noch besetzt, aber die Übergabe findet bald statt. Zweiter Stock, zwei Zimmer und zwei kleinere, so genannte Kinderzimmer. Mein Mann hat Bedenken, da es in den viergeschossigen Blocks keinen Aufzug gibt. Mir ist das egal, ich will endlich aus den Lagern raus. Und in ein Hochhaus will ich nicht ziehen; zu weit von der Erde weg und von den Kindern.

Mein Mann fährt mit dem Fahrrad jeden Tag in unsere künftige Wohnung, transportiert alle Materialien mit dem Rad und renoviert alles alleine. Im April 1979 ziehen wir hier ein. Ich bekomme zum ersten mal Luft.

Unser Haus ist ein Mietwohnungsblock, viel Grün drumherum und am Stadtrand. Ganz in der Nähe verläuft die Autobahn, auch der Flugverkehr zum nahe gelegenen Frankfurter Flughafen macht sich bemerkbar. Das stört uns nicht. Im Hause, mit acht Parteien, in dem überwiegend Mainzer wohnen, werden wir freundlich aufgenommen. Im Nebenaufgang gibt es ebenfalls mehrere Familien mit Kindern und unsere Kinder haben immer Spielkameraden. Die Leute geben uns viele Kindersachen, besonders die über uns wohnende Partei, wo es auch noch ein kleines Kind gibt. Kindergeburtstage werden gemeinsam gefeiert, auch unabhängig davon, dass die Eltern unterschiedliche Bildungsabschlüsse haben. Besonders mit einer Familie freunden wir uns an. Sie führen uns in die Mainzer Bräuche ein, die Frau, geborene Mainzerin, in die Fassenacht. So gibt es auch Hausbälle, wir gehen zum Kinderball im ortsteileigenen Bürgerhaus und gemeinsam zum Rosenmontagszug. Im Nebenaufgang gibt es ebenfalls mehrere Familien mit Kindern, zu denen ich das dafür übliche freundschaftlich-nachbarliche Verhältnis habe.

Mein Mann freundet sich nur mit der Familie an, ansonsten bleiben ihm die Leute fremd. Insgesamt haben wir hier aber mehr Kontakt als in Berlin, wo wir nicht eine einzige Familie kannten, außer den zwei Paaren, die ich als meine Freundinnen und ihre Männer quasi mitgebracht hatte.

Mir fällt natürlich ein, dass ich den Mainzer Rosenmontagszug als Kind in meinem Winzigdorf in Mecklenburg schon gesehen habe. Meine Mutter hat eine der wenigen Personen, die früh schon ein Fernsehgerät hatten, immer gebeten, ob wir das dort sehen dürfen. Mir hätte einer sagen können, dass ich einmal auf dem Mond landen würde, das hätte ich damals ebenso geglaubt, wie dass ich als junge Frau am Rand einer Mainzer Straße stehen und dem Zug zujubeln und mit meinen drei Kindern, kostümiert, stolz mitten auf der Straße mitlaufen würde. Ich schaue auf die typischen Stellen, die im Fernsehen stets zu sehen waren und sind, wie der Beamtenlaufbahn in der Kaiserstraße, dem Höfchen mit seiner Tribüne oder der Rheinalle und komme mir vor wie in einer Zeitreise.

Stehe ich zugleich auf meinem Sand- und Wiesenvorhof vor meinem Heimathaus und in Mainz beim Zug? Brauche ich nur einen Schritt zu tun und ich wäre daheim? Bin ich doch nur wieder ein Stück weiter gegangen?

Mein Stiefvater stirbt. Er hatte uns hier aber noch besucht. Ich darf über Nacht nach Hause fahren, alleine. Am nächsten Tag muss ich wieder abreisen. Ich mache mich so hart, dass ich kaum eine Erinnerung daran habe. Ich meine, es wäre im Winter gewesen. An die Trauer meiner Mutter kann ich mich erinnern.

1982 erhalte ich die Erlaubnis, ohne meinen Mann, aber mit den Kindern, meine Mutter zu besuchen. Mein drittes Kind, wieder eine Tochter, ist zweieinhalb Jahre alt und ein Sonnenschein.

Wir haben eine schöne Zeit. Meine Heimat kommt mir unwirklich vor. Ich kann sie nicht mehr zu mir hereinlassen, ich kann mich nicht mehr auf sie einlassen. Ich kann nicht mehr über die wintertrockenen Wiesen streifen wie früher, in froher und sicherer Erwartung der Himmelsschlüssel und Sumpfdotterblumen; ich werde ihr Erscheinen nicht verfolgen können. Meine Zeit hat sich von mir entfernt, Christa Wolf hat das präzise formuliert. So muss es jemandem gehen, der sein amputiertes Bein neben sich sieht, das ihm abgeschossen wurde. Eben war es noch seines. Wundschmerz.

Fassungslos sehe ich meine Heimat an, wie ein Mann eine schöne und geliebte Frau ansehen muss, von der er gewaltsam getrennt wurde, von der er sich bei Strafe seines Unterganges frei machen musste – Lindenbergs: »Ich lieb dich überhaupt nich mehr.« Mir kommt es vor, als stünde ich einer lebenden Mumie gegenüber.

Ich habe mich selber fremd gemacht. Anders hätte ich es nicht ausgehalten. Dieses durfte nicht wieder mein Zuhause sein. Und wo ich bin, da ist doch mein neues Zuhause. Aber da scheint mir doch das Grün der Gräser anders, die Luft nichtssagend. Ein Frühling ist nur ein angedeuteter und die Bäume sind nachgemacht. Und alles lebt nur dem Moment; keine Einbettung, kein Zuversicht stiftender Kreislauf, auf nichts ist ein Rückgriff möglich. Jede Sekunde ist ein eigener Kraftaufwand, Migration, irgendwie Verbannung.

Ich bin ein glatt durchtrennter Baum, aus dessen Schnitt es tropft. Das bleibt sehr lange so bei.

Und damit bin ich allein. Meinem Mann geht es nicht so, und er versteht mich nicht und ich kann nicht sagen, wieweit ihn so etwas interessiert. Ich freue mich an den vielen guten Sachen, meiner Familie, meinem Lebensspielraum. Ich schicke alles nach Hause, dessen ich habhaft werden kann. Und weil ich ja längst nicht so viel kaufen kann, wie ich möchte und nötig wäre, kann ich nicht in die Geschäfte gehen und schicke immer meinen Mann. Der kennt den Mangel und macht mit. Das Solidarische, das ist einer der unterirdischen Ströme, die wir gemeinsam haben. Ich kann mich bis heute nicht erinnern, dass mein Mann sich je einer an ihn herangetragenen Bitte um Hilfe verweigert hätte.

Meine Freuden schreibe ich auch nach Hause und ich weiß ja, alles wird gelesen. Ich will Ihnen den Triumph nicht gönnen.

Wenn auf dem kleinen Postamt in meinem Dorf nach stundenlangem Warten mal ein Telefongespräch zustande kommt, hört jedermann Sichtbarer und Unsichtbarer mit, auch die Postfrau, das wird für selbstverständlich gehalten, dann weine ich nicht. Ich weine nicht, wenn ich höre, dass die Familie zusammen war, um einen Geburtstag zu feiern. Ich will auch meine Mama, die ich verlassen habe, nicht betrüben.

Ganz muss mir das nicht gelungen sein, denn bei meinem Besuch 1982 erscheint auch der dorfbekannte Stasiverbindungsmann, ein kleiner Fisch, mehr gutmütig belächelt als ernst genommen, fast wie der Dorfnarr angesehen. Ich hoffe, die Einschätzung war richtig; man weiß, wie gefährlich gerade die Unfähigen sein können. Man kannte seine Frau von klein an und es schwebte immer eine Aura des Bedauerns um sie. Sie tat den bodenständigen Leuten leid, sie haben es nicht mit Gernegroßen. Dazu wissen sie zu genau, wo wirklich etwas wächst.

Er will wissen, ob ich denn ohne meinen Mann zurückkäme. Wie absurd.

Mein Bruder kommt, er hat mich schon vom Bahnhof abgeholt. Das darf er eigentlich nicht, eigentlich. Er macht es auch nicht illegal, er riskiert es. Das müsse er wissen, hat er zur Antwort bekommen. Weiß er, er kommt. Die anderen sehe ich nicht. Man kann das auch nicht durchsetzen wollen. Ich bin froh, dass nach äußerem Anschein meine Ausreise niemandem geschadet hat.

In Schwerin geht zufällig einer meiner Brüder auf der anderen Straßenseite, ich darf nicht rufen.

Das Ganze ist wirklich und unwirklich zugleich, wie der Wasserspiegel, den der Durstige sieht, und der zurückweicht, wenn er trinken will. So muss es in etwa jemandem gehen, der auf »Heimaturlaub »ist, einer Heimat, die nicht mehr seine ist, von der er nicht zulassen kann, dass sie seine sein soll, müsste er doch desertieren.

Und unmöglich kann er sein wahres Leid offenbaren. Er könnte weder ertragen, dass man es versteht, noch, dass man es nicht versteht. Du willst auch die Herzen der wieder zurück zu Lassenden nicht beschweren.

Und wenn der Zug auf dem Wege in die Gefangenschaft durch deinen Ort fährt, sei froh, wenn du das nicht mitkriegst und schau auf keinen Fall heraus.

Und mir ist schließlich klar, dass ich selbst entschieden habe. Klar ist aber auch der schicksalhafte Unterschied, ob du von Stuttgart nach Bremen ziehst oder von Schwerin nach München, 1978, und ob du das freiwillig machst.

Im Genozid in Rwanda haben die Marodeure Menschen, auch Kinder, mit Gesten vor die Wahl gestellt, ob sie sich die Hand oder den Fuß abhacken lassen wollten, eine freie Entscheidung.

Ich fahre zurück. Ich lasse alle zurück.

1983 beginne ich mein Referendariat. Ich muss, so die Entscheidung des Kultusministeriums Rheinland-Pfalz, das zweite Staatsexamen der hiesigen Ausbildung zur Lehrerin machen. Mein Staatsexamen von der Humboldt-Universität in Berlin wird dem ersten Staatsexamen gleichgesetzt. Wolle ich an einem Gymnasium unterrichten, wozu ich in der DDR berechtigt gewesen wäre, müsse ich das erste Staatsexamen auch noch einmal machen, erklärt man mir sachlich.

Ich bin froh, dass ich einen Referendariatsplatz bekommen habe für das Lehramt an Realschulen.

Die Zeit als Hausfrau ist gut und angebracht. Ich sorge für meine Familie, freue mich über die vielen schönen Dinge, die wir kaufen können. Dinge haben für mich stets eine tragende Bedeutung gehabt. Das liegt nicht nur an dem häufigen Mangel daran, wenn sicher auch daran. Sie sind so zuverlässig, so nützlich, so schön. Sie verbinden dich mit ihren Schöpfern, deren Kreativität für eine unendliche Vielfalt der Dinge sorgt, von Anbeginn bis jetzt. Geerbte oder alte Dinge verbinden dich mit deinen Vorfahren, sie sind Teil eines kollektiven Bewusstseins zur Familie, zu deiner Umgebung, zu bestimmten Landstrichen, Ländern oder eben auch zu Einzelpersonen. Dinge sind materialisierte Gedanken, Empfindungen, Erfahrungen, von Hand zu Hand gegeben. Ich glaube, dass mein Aufwachsen auf dem Lande und der Beruf meines Vaters wie auch das Schneidern meiner Mutter den Zugang zu dieser Sichtweise erheblich beeinflusst haben. Du siehst, wie etwas entsteht, und du siehst den Schöpfer davon.

In unserer Bezirksstadt gab es einen Laden, die Besitzerin kannte meine Mutter offensichtlich noch aus Warnsdorf. »Trödel-Anni« wurde sie nach meiner Erinnerung genannt. Meine Mutter brachte dort Eier und Hühner hin und während die zwei Frauen sich unterhielten, betrachtete ich in dem langgezogenen, schmalen Raum die vielen Dinge, die ich weder zu Hause noch in unserem Dorf je sah, verkehrte ich doch in lauter Elternhäusern von Flüchtlingen und Vertriebenen, die schlicht nichts besaßen, aber alle Besucherkinder in die Bratkartoffelmahlzeit einbezogen.

In diesem Raum standen alte Uhren neben Bildern, schönem Porzellan, altem Silberbesteck, Figuren und Sonstigem. Und ich bekam eine Ahnung von vergangener Schönheit und Wohlhabenheit. Dass hinter dieser Ansammlung alter Pracht Not stand, die viele Leute veranlasste, ihre Schätze gegen Geld oder Naturalien einzutauschen, davon wusste ich seinerzeit noch nichts. Ich hatte nur immer das Gefühl, diese Schönheit einsaugen zu wollen. Und undeutlich wurde mir klar, dass das etwas enthielt, das früher auch Bestandteil des Lebens meiner Eltern gewesen sein könnte, ein Schatten an der Wand. Auch auf solche Weise vererbt sich das Gefühl des Verlustes.

Bis heute bringe ich fast aus jedem Urlaub Schüsseln mit. Immer ist mir bewusst, dass jene Schüssel aus Umbrien ist. Sie steht da und wartet, dass ich mein Essen hinein fülle, das mich am Leben erhält. Jemand Unbekannter aus Italien oder Gott weiß woher, hilft mir leben.

Und der könnte ebenso gut mein Nachbar sein und das ist er, nur ein paar Meilen weiter. Meine Arme wachsen, meine Seele füllt sich. So einfach das Teil sein mag, ihr Schöpfer hat ihr ein Stück seiner Seele vermacht. Das ist die Poesie in allen Dingen.

Ich lege an jede Säule, an jede Kirche, an jedes Museum und an die Bäume meine Hand. Und dann summt es leise, in Italien, in Spanien oder sonst wo.

Alle Dinge sind letztlich nichts weiter als verwandelte Erde. Sie betten dich ein in den ewigen Kreislauf. Mit den Dingen und der Schönheit bewegst du dich zwischen Himmel und Erde.

Und die Schüssel, die du heute wieder in die Hand nimmst, wo du sie gestern hast stehen lassen, das Messer zum Schneiden – Petersilie ist gesund. Das macht die schöne Selbstverständlichkeit.

Das Einfache hält und trägt dich.

Mein Mann freut sich riesig, mit vierzig Jahren zum ersten Mal ein vernünftiges und schönes Auto zu besitzen, das Verständnis der Nation ist ihm hierin gewiss sicher. Ich freue mich natürlich auch, können wir uns doch so unsere ganze wunderschöne Umgebung erschließen.

Ich bin aber anders erzogen. Ich komme mir isoliert vor, fast schmarotzerhaft, denn ich trage zum gesellschaftlichen Fortschritt nichts bei, scheint mir. Drei kleine Kinder aufzuziehen, das ist mir Freude und selbstverständlich und ich kann nicht verstehen, dass viele Leute mich fragen, wie ich das denn fertig brächte.

Ich bin an der Gesellschaft nicht beteiligt, scheint mir und dass ich nur verbrauche, was andere herstellen. So bin ich nicht erzogen. Ich will in die Gesellschaft, ich will etwas beitragen, berufstätig sein.

Und da gibt es noch etwas anderes. Ich sehe es heraufziehen.

Deutlich wird, dass die Erwartung meines Mannes, nun würde die berufliche Diskriminierung enden, nicht zutrifft. Schon bei den ersten Befragungen in Osthofen wird gewarnt, die Universitäten seien zu rot, da passe ein Ausreiser nicht ins Bild. Auch hier will man sich seine Kreise nicht stören lassen. Man weiß über die DDR indes völlig Bescheid, ist man überzeugt, inoffiziell wird freigekauft, und für die Betroffenen ist dies wahrhaft eine Erlösung, offiziell wird paktiert oder symphatisiert oder irgend etwas dazwischen. Man ist ja auch so gänzlich überrascht, als die DDR Bevölkerung diesen Deal nicht mehr will, Geld gegen Ruhe, doch irgendwie undankbar. Als ich viel später Peter Handkes Text über den Besuch der Journalisten irgendwo im lupenreinen Lateinamerika und über die fröhlichen Indios dort lese, da kommen wieder diese Zweifel über die selbst ernannten Durchseher hierzulande auf.

Was hatte man hier von der DDR verstanden und stört eine differenzierte, eine differenzierende Betrachtung?

Stört sie noch heute, wo man wieder in Schwarz und Weiß teilen möchte? So gehts schneller und ist – wieder-nicht so kompliziert!

Wie genau will man es wissen?

Was? Alles!

Und die Industrie, erklärt man meinem Mann, die habe Angst vor Spionage.

Bei der »Unterhaltung« beim Bundesamt für Verfassungsschutz in Mainz wird meinem Mann gesagt, man halte ihn für jemanden mit einem Auftrag. Es könne doch nicht sein, dass die DDR »freiwillig« einen promovierten Physiker und eine diplomierte Lehrerin aus ihrer Staatsbürgerschaft entließe.

Völlig unverfasst kommt mein Mann von dieser »Unterhaltung« nach Hause. Ich frage ihn, ob er sich nicht darüber im Klaren ist, dass es sich hier um eine offizielle Ansicht handelt, die in die Unterhaltungsakten käme, und nicht um die Meinung eines Privatmannes, mal eben am Biertisch geäußert. Ich frage ihn, warum er nicht protestiert hat und ein schriftliches Protokoll dieser »Unterhaltung« verlangt hat, warum er nicht widerspricht. Ich sage ihm, dass ich, schon vor Wut, gebrüllt hätte, dass das Haus gewackelt hätte.

Widersprochen hat er, sagt er, tauben Ohren.

Mein Mann ist sprachlos. Soviel Ignoranz und Impertinenz eines Menschen, ist es nur ein Mensch, können ihm nicht einleuchten. Man habe doch alle seine Akten. Er ist Physiker, ein Faktenmensch.

Nein, der da, das ist gar kein Mensch, schon gar keine Privatperson, das ist ein Staatsbeamter. Dann ist das Staatsmeinung?

Läufst du wie bei Böll auf der Grenzlinie, weil weder der eine noch der andere Staat dich aufnehmen will, dich, der du bist wie du bist?

Wie war das, Herr Heinemann? So wird man empfangen? Sie müssen verstehen, dass wir die Parteiarbeit verstärken müssen, klar, bei dem System war das klar.

Wie ist das noch mit dem Wert des Individuums, hier, im Westen? Außerhalb der Wirtschaft, bitte schön, sie hat dafür selber keine Zeit. Hier gehts mal wieder schneller mit Schablonen.

Ist jetzt das der Staat, in den er sich durchgekämpft hat, nicht ohne vorher alles versucht zu haben, die Verhältnisse auch in der DDR lebensmöglich zu machen, schon in der ersten Ehe vergeblich?

Ist er wieder bei den Interpretatoren gelandet, die um eine Zwiebel solange herumreden, bis sie einer Banane gleichen soll?

Sie hocken auf den Büchern und machen aus einer binomischen Formel einen schlechten Jubelchor.

Und wehe dir, du stimmst nicht ein. So jemandem könne man auch mit Kind nicht eine Wohnung geben, war ihm von der Gewerkschaft erklärt worden, er hat es schriftlich.

Dass er ein guter Physiker ist und doch auch hier, in der DDR, arbeiten will, das ist nebensächlich.

Denen, denkt er, ist er doch entkommen.

Arbeitet er hier, in der BRD, denkt er, hofft er, ist er überzeugt. Und er hat doch Familie, sagt mein Mann immer wieder fassungslos. Er wird es zwanzig Jahre lang sagen, fassungslos.

Der muss gerade so naiv sein wie ich, wen soll das in der freien Marktwirtschaft interessieren.

Nun, sagt man sich, es fliegen ja immer mal Spione auf, nimmt mans nicht übel und nicht so ernst.

Mein Mann bekommt Arbeit an der Universität, Einjahresverträge. Die Arbeit ist gut, er arbeitet gut, die Unsicherheit bleibt. Sie bleibt fünf Jahre, dann gibt es Sicherheit; das Arbeitsverhältnis ist beendet.

Das Hochschulrahmengesetz schützt die Leute vor anhaltender Unsicherheit, länger als fünf Jahre dürfen sie nicht in Zeitverträgen beschäftigt werden. Werden sie auch nicht, sie werden arbeitslos, das ist sicher. Mehrere werden entlassen, obwohl für ihre verantwortlichen Positionen mitten im Projekt kein erforderlicher Ersatz da ist. Auch meinen Mann trifft das. Da nützt das beste Dienstzeugnis nichts und auch nicht die Keimzelle der Gesellschaft.

Und nun ist er auch schon misstrauischer geworden. Stimmt das ausgesprochene Lob überhaupt? Meint die Formulierung das, was sie sagt, oder verschleiert sie, dass man so zufrieden nun auch wieder nicht gewesen war? »Falle Beurteilung« und ähnliche Ratgeber, mit denen sich mittlerweile viel Geld verdienen lässt. Man soll nicht glauben, was für eine riesige Geldquelle die Arbeitslosigkeit ist, verunsichern die Lande.

Wir sind kampferprobt, trösten uns, dass wir mit dem Arbeitslosengeld immer noch besser leben als ehedem mit einem DDR-Gehalt und versuchen es weiter. Fotos werden gemacht, schöne Bewerbungsmappen zusammengestellt, es gibt tatsächlich etliche Vorstellungsgespräche. Man muss sich bundesweit bewerben. Mein Mann lernt die Bundesrepublik kennen, tatsächlich, rauf und runter, äußerlich und innerlich. An eine solide Existenzgründung mit Haus oder anderem Eigentum ist nicht zu denken, finanziell völlig unsicher und an welchem Standort denn?

»Heute hier, morgen dort, was macht das?«, das ist ein Kalauer in diesem Zusammenhang und Operette ist out.

Und wir haben ja auch drei Kinder, die wir nicht zu kurz kommen lassen wollen. Wir wollen tatsächlich nicht asozial werden, wie man uns angesichts meiner spontanen dritten Schwangerschaft gefragt hatte.

Immer wieder stecken die schönen Mappen im Briefkasten, ein zweites mal nicht zu verwenden. Man bedauert, die Vielzahl ist es, der wirkliche Grund steht da nicht.

Und dann die Sicherheit.

In diesem Staat scheint man es mit der Sicherheit ähnlich ängstlich zu haben wie in der DDR. Freuen wir uns über deutsch- deutsche Gemeinsamkeiten.

Man müsse bei dem amerikanischen Partner nachfragen. Fast alle Betriebe, bei denen meines Mannes Qualifikation eingesetzt werden könnte, haben so einen Partner.

Dem ist mein Mann auch verdächtig, klar, das verstehen wir. Kommt mein Mann bei seinen Gesprächen durch Räume, sind diese häufig sämtlich offen. Alle Vorgänge liegen auf Tischen und weit und breit ist kein Mensch zu sehen. Ganze Etagen könne man so durchwandern, berichtet er.

Verdächtig ist offensichtlich und – kundig auch besonders er, denn ansonsten arbeiten und forschen Personen jeglicher ausländischer Herkunft, auch osteuropäischer, in den Betrieben, an hochwichtigen Projekten an Universitäten. Wir verstehen das vielleicht auch falsch. Das ist dann eine Art gezielter Entwicklungshilfe, denn diese Menschen, und wir missgönnen ihnen ihre Arbeitsmöglichkeiten nicht, nehmen ihre Erkenntnisse in ihre Heimatländer zurück.

Und nicht mal die Entwicklungshilfe würden wir missgönnen, gelegentliche Missbräuche sehen wir ja nicht. Wir denken da nur an Gleichberechtigung und dass das doch nun unser Land ist, oder gehören wir hier gar nicht her?

Besteht darin der große Irrtum? Kann nicht sein, denn mit Arbeitslosengeld versorgt uns unser Land ja auch.

Und Schulen gibts für unsere Kinder, gute Schulen und so weiter.

Wir sind ein Auslaufmodell, das ist es. Ans Vaterland, ans teure, schließ dich an, irgendwie überholt.

»Käfer aufm Blatt, was ist das schon? Das Blatt reißt man ab, den Käfer tritt man platt. Käfer aufm Blatt, was ist das schon?«

Machste eben was anderes.

Was?

Und so setzt der Prozess der Enteignung ein. Bist du arbeitslos, wirst du deines Wissens und deiner Fähigkeiten enteignet. Enteignet wirst du auch des Zutrauens zu dir und zu einer Umwelt. Du bekommst neue Fähigkeiten, Traurigkeit, Misstrauen, Suchtverstärkung, Trotz, Frustration auflösen immer wieder.

Geringschätzung deiner wird zu der der dir nahe Stehenden und führt schließlich zu vorbei leben am anderen.

Und so geht das dann auch hin und her, Debatten, Diskussionen, Meinungsverschiedenheiten jeder Art. Das geht nicht gut. Es ist auch so, dass du nichts davon verstehst, gelinde ausgedrückt. Der Betroffene hat auch hier die Deutungshoheit. Du bist nur indirekt betroffen und hörst deswegen zu, bitte, unentwegt. Widersprechen geht auch nicht.

Unsere Kinder werden größer, auch hier stoßen verschiedene Anschauungen aufeinander.

Ich habe inzwischen mein Referendariat beendet. Meine Mitstudenten haben mir sehr viel geholfen. Ich bin nur ein mittelbegabter Mensch und das Arbeitspensum von Familie, Referendariat plus meiner besonderen Situation bringen mich an den Rand des Leistbaren. Meine Kinder sind vier, drei und zweieinhalb Jahre alt und müssen morgens und abends, manchmal auch schon mittags, in verschiedene Einrichtungen gebracht und wieder geholt werden.

Meistens muss ich das machen, weil mein Mann zu dieser Zeit noch Arbeit oder sinnlose Fortbildungskurse hat.

Ich fahre zwei Kinderwagen zu Schrott, weil ein Kind im Wagen liegt und ein oder zwei auf den Seiten stehen.

Zwischen Wäsche und Kochen, mit den Kindern Ausflüge machen, sie sollen nicht zu kurz kommen, Arztterminen, Kinderkrankheiten etc. liefere ich meine endlosen Unterrichtsentwürfe ab und mache meine Lehrproben. Und ich muss den Frust und die Selbstzweifel bekämpfen, wenn es mal wieder nicht so geklappt hat.

Ich weiß, ich muss arbeiten und Geld verdienen. Aber das ist es nicht allein. Ich will beweisen, auch meinen Töchtern, dass eine Frau Familie und Beruf haben kann. Ich will den Frauen meiner Familie, die vorher da waren, Referenz erweisen. Und ich will meiner Mutter, die mich stets unterstützt hat, bis zum über das Normalmaß hinausgehenden Verzicht auf mich, ihr Vertrauen zurückgeben. Ihr war der Bildungsweg versperrt, stattdessen hat sie weit über ihre körperlichen Fähigkeiten hinaus arbeiten müssen, um ihre Familie durchzubringen. Sie hat sich nie beschwert.

Du musst hier raus.

Und ich will nicht auch alles umsonst gemacht haben, den langen, langen Weg zu meinem Hochschuldiplom.

Und darum stampfe ich mit den Füßen auf, rufe meine Kraft auf und lass nicht locker. Ich habe wieder eine der Zapfstellen für Lebenskraft erreicht. Dieses ist nun die schwerste Zeit meines bisherigen Lebens. Ich habe Rückenschmerzen, bekomme Paradontitis, Frustritis, Neurodermitis und gebe nicht auf. Ich muss nach und nach die unterirdischen Seen angezapft haben, die meine Kindheit gebildet hat, aus den Elementen sind Rohstofflager geworden, aus den Pflanzen und Blumen Steinkohle, Seelenkraft, Widerstandskraft, Durchhaltekraft. Nun brauche ich sie, die Kraft.

Die Kinder haben Windpocken, anschließend Grippe, ich auch und ich muss meine Abschlussarbeit schreiben. Ich bekomme eine Verlängerung der Studienzeit. Davon träume ich noch angstvoll nach Jahren. Mit der Hilfe meiner Kolleginnen schaffe ich es.

So sehe ich, das es durchaus Solidarität gibt, etwas, das die DDR-Propaganda den Menschen hier abgesprochen hat. Das geht so weit, dass am Ende der Ausbildung mein Studienseminar bei der Studienleitung protestieren will, dass ich keine Anstellung im Schuldienst bekomme, ich müsse doch meine Familie ernähren. Mein Mann ist da arbeitslos. Es gibt noch mehrere, die so denken, ganz junge Leute.

Sie haben selber keine Stelle bekommen. Von den etwa vierzig Absolventen des Studienseminars bekommen zwei offiziell eine Anstellung, zwei besorgen sich eine Anstellung in einer Privatschule. Das Studienseminar wird aufgrund der Lehrerschwemme nach uns geschlossen.

Ich sage, sie sollen das lassen. Ich habe schon eine Familie, sie nicht. Den Einigen, die Kinder hatten oder schwanger waren, war auch erklärt worden, dass das während der Studienzeit wohl sehr fraglich sei, ob man da an Kinder denken solle. In meinem Abschlusszeugnis steht, ich habe eine vorbildliche Arbeitshaltung entwickelt. Was ich gegen das Wort »entwickelt« denn hätte, das würde man nicht jedem reinschreiben. Eben, meine ich und dass ich das gänzlich für eine Fehleinschätzung hielte, ohne eine solche Einstellung hätte ich mir die Referendarzeit gar nicht zutrauen können. Aber so richtig will man mich nicht verstehen. Im Nachhinein, erfahre ich, sei ich für das noch folgende, letzte Semester als leuchtendes Beispiel für Arbeitsmoral verwendet worden. Was soll's.

Dankbar bin ich meinen Studienkolleginnen für immer. Die Ausbildung hat noch einen ganz anderen Effekt, jetzt bin ich gleichberechtigt in der Gesellschaft, empfinde ich. Ich bekomme eine Vertretungsstelle für ein halbes Jahr an einer Schule im Rheinhessischen, eher ländliche Prägung. Es ist ein wunderbares Arbeiten. Genau so würde ich gerne weitermachen.

Eine Kollegin nimmt mich täglich mit. Dazu muss ich aber erst mit dem Bus an das gegenüber liegende Ende der Stadt, jedes mal fast eineinhalb Stunden Weg. Sie wohnt in einem ebenso peripheren Stadtteil wie ich, genau gegenüber gesetzt, aber ohne direkte Verbindung. Da unsere Stundenpläne nicht übereinstimmen, fahre ich oft ganz mit dem Bus zurück. Es ist äußerst zeitraubend. Nun mache ich endlich den Führerschein. Am Nachmittag gebe ich regelmäßig Nachhilfestunden. Dazu kommt bald eine Lehrtätigkeit an einer Volkshochschule. Ich brauche Geld und alles macht auch Spaß.

Diese Tätigkeiten kann ich fortführen, nachdem ich nach einem weiteren halben Jahr, direkt im Anschluss, arbeitslos werde. Ist immer gut, wenn man aus einer Überlastung dann doch etwas Normales machen kann.

So richtig arbeitslos ist das nicht, ein Fünf – Personen-Haushalt, Nachhilfe und bis zu drei Abende Volkshochschule, da bleibt man schon gerne bei dem immer gleichen Kuchenrezept.

Und man kann da schon perfekt sein, das kann einer erwarten, wo schon sonst, denn auf Arbeit muss man ja nicht. Es kommt erschwerend hinzu, dass du dabei auch nicht so viel Geld verdienst, wenn du denn Anerkennung deiner Leistung anmahnst. Das stimmt, und wenn dein Mann dann auch noch arbeitslos ist, dann willst du der Verkäuferin an der Kasse, wo du mit deinem Kind warten musst, schon mal das dort aufgestapelte Überraschungsei völlig überraschend an den Kopf werfen, denn das kannst du dir nicht auch noch leisten. Ist es doch schon Luxus, dass beide Eltern zu Hause sind, so gut möchte es mancher haben, oder?

Du weißt, dass die Verkäuferin nichts dafür kann und lässt das.

Aber wer kann etwas dafür? Das Arbeitsamt? Das ist nicht zuständig, das verwaltet. Viele befassen sich mit dir, zuständig ist niemand. Du merkst auch, dass Stellenausschreibungen veraltet sind, dass Betriebe sich die gewünschten Leute gar nicht über das Arbeitsamt besorgen, sondern intern oder über headhunter. Das gleiche, merkst du, steckt hinter vielen Announcen in den Zeitungen, sie stapeln sich daheim. Du bist auch irgendwie immer unpassend, zu alt, zu über- oder unterqualifiziert, zu risikobehaftet, dieses und dessen nicht mächtig.

Und das stimmt, du bist mehrheitlich ohnmächtig, zunehmend. Pass mal auf, dass du nicht umkippst.

Die Regierung ist schuld. Die sagt, so gehts nicht weiter und legt Programme auf. Aber die Schallplatten haben scheints Sprünge, sie bleiben immer an derselben Stelle stehen. Und so bleibt nicht alles so bei; es wird schleichend schlimmer.

Und die Wirtschaft ist überhaupt die Leidtragende.

Die Wirtschaft, du liebe Güte, also sowieso verstehst du davon nichts, stimmt auch, du verstehst tatsächlich nichts mehr. Die Botschaft hörst du wohl, allein dir fehlt der Glaube. Wieder einmal mangelt es dir an Glauben.

Und so hast du wenigstens eines, jede Menge Gesprächsstoff, vom Aufstehen bis zum Schlafengehen und darüber hinaus, beim Spaziergang, bei den wenigen Besuchen bei anderen Leuten. Dieser Gesprächsstoff, immer derselbe, erstickt dich. Er ist wie eine chronische Krankheit, immer präsent. Das Thema wird so lange wiedergekaut, bis man ein vergiftetes Konzentrat in sich hat. Dein Leben wird zur dunklen Monokultur. Gegen welchen Gedanken muss man sich wehren? Versteckt sich unter deinen Flügeln eine unsichtbare Mitschuld?

Absurd oder möglich, die Stasi rächt sich? Die Bewerberfotos sind mies. Du kannst nichts, kann nicht sein, widerspricht allen bisherigen Ergebnissen.

Wäre man Single, wäre man natürlich beweglicher. Aber mit Familie, auf die überhaupt niemand Rücksicht zu nehmen bereit ist, die zu ernähren man aber doch verpflichtet ist? Was da keimt, das ahnt niemand. Auch hier hängt man dem überkommenen Familienverständnis und der Auffassung von den Rollen von Vater und Mutter an.

Und so färbt man selber dunkel, worauf man doch am meisten Wert legt. »Manchmal hasst man das, was man doch liebt.« Die Schallplatte hatte mein Bruder mir zum Abschied geschenkt. Er ahnte das mit den sieben Brücken, ein paar davon kannte er schon. Den hellen Schein hat er mir auch zugetraut.

Ich finde meine Arbeitslosigkeit schlimm, kann aber damit umgehen. Nach der völligen Überbelastung im Referendariat bin ich über ein bisschen Entspannung nicht mal böse, vorerst.

Mein Mann kann es nicht. Er ist beschämt, enttäuscht, ratlos und wütend, mir verständlich, aber in den Auswirkungen fast unerträglich und unerträglich. Und so diskutieren wir beide uns an den Abgrund. Ist mit einem selber nichts mehr los, mit der Zeit fragst du dich, ob das denn doch so ist, so ist es das auch nicht mehr mit dem anderen. Man gibt es weiter, man fragt sich da gar nicht. Man diffundiert. Ich fühle mich völlig verkannt. Ich bin doch eine junge, nicht unansehnliche und tüchtige Person, wie ich meine. Und was habe ich auf mich genommen?! Wieso sollen andere Frauen alles besser können? Was für andere Frauen überhaupt? Mit so etwas kannst du auf Dauer nicht leben, willst du doch von dem kleinsten Schmerz schon wissen, woher er kommt.

Wie kommst du zu so etwas!

Unsere Kinder entwickeln sich gut, wie wir meinen. Sie besuchen die Schule gleich neben uns und machen keine größeren Probleme. Unsere älteste Tochter sei so überaus ruhig, heißt es, ob sie überhaupt sprechen könne.

Zu Hause ist sie ein lustiges und überaus verständiges Kind. Ohne sie wollen die Kinder draußen, es ist immer eine große Zahl, nicht spielen. Unsere jüngste Tochter, sie kam wegen des Referendariats mit zweieinhalb Jahren in die Krippe, ist ebenfalls sehr aufgeweckt und behauptet ihren Platz. Ihre Augen scheinen funkelnd in die Gegend. Unser Sohn in der Mitte fühlt sich mit seinen Schwestern wohl und wird auch von ihnen umrahmt. Als einjähriges Kind stellt er sich unaufgefordert vor die Liege und hält sein kleines Schwesterchen fest, damit es nicht herunterfällt.

Nach außen führen wir ein prosperierendes Familienleben, die Innensicht zeigt zahlreiche Divergenzen. Die liegen auch in dem unterschiedlichen Rollenverständnis. Die Puzzelstücke passen nicht richtig zusammen. Ich will Familie und arbeite oft bis in den späten Abend für sie. Ich will aber auch Anerkennung. Mein Mann findet meinen Einsatz selbstverständlich, und was es da zu loben gäbe, allenfalls zu kritisieren. Mein Mann will auch Familie, hilft, baut, renoviert, findet aber schon mal, dass ich ihm mit einem samstäglichen Einkauf seine Freizeit stehlen würde. Das wäre noch zum Lächeln, aber dabei bleibt es nicht.

Unterschiedliche Ansichten zur Kindererziehung liefern Streitpunkte. Und tatsächlich, auch ich kann das nicht, ohne Verständigung und Versöhnung wieder zusammenkommen. Wie man sich da hilft, weiß mein Mann, ich nicht. Das beobachte ich mit Entsetzen. Das merkt mein Mann nicht, wie alles andere auch nicht. Er weiß immer noch nicht, dass ihn das bei Strafe des Unterganges interessieren muss.

Ich schreibe:

Gebe(o)t
Männer, feiert unsere Körper !
Nicht der Stahl sei euer Gott,
Nicht das Firmament mit seinen Sternen.
Unser Körper sei es und sein Fleisch.

Aus dem seid ihr gekommen,
Und in den drängt ihr immer wieder,
Nach seiner Wärme lechzend.

Nicht der Strahl der Technik,
Das Blitzen der Instrumente ist euer Licht,
Nicht die Kraft der Elektronen bewegt euch,
ja nicht einmal das Wort.

Das Leuchten unserer Augen,
Das Schimmern unserer Haut,
Der Glanz und Jubel unserer Seelen,
Das ist euer Ziel.

Männer, feiert unsere Körper.

Durch Eure Hände schickt die Kraft der Sonne.
Mit eurem Stoß bringt uns der Erde Samen.
Mit unseren Wassern lassen wir euch reifen.
Amen

Es wäre schon in der ersten Ehe zu sehen gewesen; eben die Gretchenfrage. Stattdessen muss klar sein, dass andere Frauen alles viel besser können. Wie bitte?

Ich weiß mir nicht zu helfen und werde immer verzweifelter. Die Arbeitslosigkeit durchzieht unseren Alltag wie ein Krebsgeschwür. Die wenigen befristeten Arbeitsverhältnisse ändern das nicht, da das Damoklesschwert neuerlicher Arbeitslosigkeit immer über uns hängt. Es überwuchert unsere schönen Urlaube an der Ostsee, wo ich begeistert festgestellt hatte, dass meine Heimat nicht ganz verloren ist. Sie lässt die Familienfeste wie Taufe der Kinder und ihre Konfirmationen verblassen, Ausflüge, Verwandtenbesuche, und so viele andere schöne Dinge, unfassbar später für meinen Mann. Er ist doch ein Mann der Fakten und dies sind doch welche!

Ich bin eines Tages so verzweifelt, dass ich die Standardlektüre »Der Mann und sein Körper« mit den Worten an die Wand pfeffere: Die Frau und ihre Seele!

Die Seele der Frau ist auch ein Fakt. Und was für einer.

8. Kapitel

Neue Wurzeln

Ich sehe die Sackgasse und versuche die friedliche Flucht. Ich will meine Liebe und unsere Familie behalten. Nach vielleicht zwei Jahren zu Hause wende ich mich zuerst an die Telefonseelsorge und auf deren Rat an Pro Familia. Nach vielen Jahren treffe ich meinen dortigen Gesprächspartner wieder. »Was Sie brauchen, das finden Sie nicht zu Hause«, rät der Mann mir. Ich hatte zusammengefasst, mir fehle der Tanz des Lebens. Er bestätigt, dass ich ihn gefunden habe.

Und so erzähle ich überall, dass ich Arbeit suche.

Eines Tages werde ich gefragt, ob ich in eine laufende Arbeitsbeschaffungsmaßnahme einsteigen wolle in einem Verein. Was da zu tun sei, das sei, mich um Leute zu kümmern, die aus den osteuropäischen Länder wieder nach Deutschland zurückkehrten, ins so genannte Land der Vorväter, für die Aussiedler eine ganz logische Bezeichnung.

Ich habe ein Wochenende Zeit mich zu entscheiden, die ABM-Stelle müsse sofort neu besetzt werden. Ich bespreche das mit meinem Mann. Einig sind wir uns darin, dass es sinnvoll ist, diesen Menschen bei der Einbürgerung hier zu helfen. Mein Mann erinnert, besser als ich, die unmittelbare Nachkriegsnot und wie man mit den alten Leuten umgesprungen ist, hier seine Großeltern. Bedenklich erscheint ihm, dass ich damit meinen Beruf aufgäbe. Den sehe ich längst als aufgegeben an, denn zweieinhalb Jahre hatte das Kultusministerium, das mir zum zweiten Staatsexamen geraten hatte, auf meine Bewerbungen hin keine Verwendung für mich. Das letzte

Angebot war eine Vertretungsstelle in etwa einhundert Kilometern Entfernung gewesen, mit meinen drei kleinen Kindern.

Die wollen dich nicht, endgültig war mir das. Ich war zu stolz, mich weiter zu bewerben. Und mir ist auch der Spatz in der Hand lieber als die Taube auf dem Dach. Ich bin Frau und Mutter, ich bin praktisch, ich mache auch etwas anderes.

Gefährdend scheint ihm zudem die Verbindung nach Osteuropa, wie oft hatte man ihm die osteuropäische Provenienz nun schon vorgehalten.

Und was gibt es da denn nun zu verdienen?

Ich entscheide mich dafür, ich habe nichts zu verlieren, aber viel zu gewinnen. Und das tue ich, in höchstem Maße. Ich kann mich in die Menschen gut hineinversetzen, sachlich habe ich keine Probleme mit der Beratung und Betreuung. Ich gerate plötzlich in ein ganzes Netzwerk von Gleichgesinnten. Die Aussiedler sind überaus dankbar für die Zuwendung. Sie sind mehrheitlich offene, freundliche, völlig unverstellte Menschen mit überwiegend unglaublichen Familienschicksalen. »Ich fühl mich nicht beleidigt«, sagt ein älterer, einfacher Mann, als er seinen Rentenbescheid erhält. Dieser billigt ihm lt. Gesetzeslage nach fünfundfünfzig Jahren schwerster körperlicher Arbeit sechzig Prozent seines eigentlichen Anspruchs zu. Ich bin perplex. Wieder so ein Naiver; man kann sich durch einen amtlichen Bescheid beleidigt fühlen? Sieht er tatsächlich noch die Menschen, die das bestimmt haben?

Und allmählich erkenne ich, was mich so an diese Arbeit bindet. Ich bin mit Heimatvertriebenen beschäftigt, ich arbeite an meiner Elterngeneration, deren Schicksal auch noch mich getroffen hat. Ich gehöre zu diesen Leuten.

Was meine Eltern kaum erzählt haben, das höre ich jetzt. Ich habe ja selber einen Vertriebenenausweis. Und was ich unter Aufbietung aller Kräfte sinnlich, emotional und praktisch bewältigt habe, ich habe eine gute Kruste gebildet, das begreife ich plötzlich in der Abstraktion; ich bin eine Vertriebene, Tochter vertriebener Eltern und Großeltern. Ich habe ja nun schon jahrelang einen Vertriebenenausweis, was für mich mehr ein ordnungsrechtlicher Akt war.

Die ganze Zeit ringe ich mit den Folgen.

Plötzlich komme ich mir vor wie eine Schiffbrüchige, die bisher damit gekämpft hat, trotz Wellen und Wind das Land nicht aus den Augen zu verlieren, den Kopf oben zu halten, und die mit einemmal bis auf den Meeresgrund schaut. Die Erkenntnis ist ein Tiefschlag. Äußerlich scheinen meine Verhältnisse geordnet. Ich bin ja beileibe nicht die Einzige, die nach dem Examen keine Anstellung bekommen hat. Und ein paar Millionen Menschen sind arbeitslos. Und Probleme in der Ehe haben viele. Und ihre Heimat verloren haben auch viele. Und die Existenz für fünf Menschen abzusichern haben auch viele.

Alles zusammen, das bin ich.

Die klare Erkenntnis, die durch die Begegnung mit den Aussiedlern entsteht, ist der Beginn meiner Heilung. Ich kann etwas tun.

Diese da hat es unvergleichlich schlimmer getroffen. Es gibt keine Familie, in der es nicht mindestens eine vermisste Person gibt, meistens willkürlich verhaftet, deportiert, nie wieder aufgetaucht, oft ungeklärt bis heute. In völliger Not zurückgebliebene Kinder und Frauen, entrechtet und gedemütigt, vor dem Krieg, während des Krieges und vor allem nach dem Krieg. Arbeiten bis zum Umfallen. Willkürlich werden Familien auseinander gerissen, über Generationen aufgebaute Siedlungsgebiete müssen sie verlassen. Der Spruch: Der ersten Generation der Tod, der zweiten die Not, der dritten das Brot, trifft sowohl für die Erstbesiedelungen im 18. und 19. Jahrhundert zu als auch für die Besiedelung wiederum unfruchtbarer Gebiete nach den Deportationen infolge des Zweiten Weltkrieges.

Und das gilt für alle Deutschen, besonders aber für diejenigen aus Russland und Rumänien.

Stolz sind sie darauf, was sie trotz alledem aufgebaut haben, ihre Dörfer und Städte sind bekannt. Ihr Exodus aus Kasachstan und Sibirien und Rumänien hat große Lücken hinterlassen. Hier wollen sie sich einfügen, stellen aber fest, dass das nun doch ein ganz anderes Deutschland ist, als sie sich gedacht hatten. Sie sind auch ganz andere.

Unser Verband bildet eine Art Zwischenglied und besonders die wochenendlichen Betreuungs – und Informationsseminare sind beliebt. Wir fahren mit den Leuten in Naturfreundehäuser und ähnliche Einrichtungen. Referenten aus Verwaltungen und sonstigen Einrichtungen unterrichten über Rechtsbestimmungen, Staatsangehörigkeitsrecht, Sozialhilfebestimmungen und so weiter. Die Leute lernen dabei auch ein Stück Deutschland kennen, denn der Bundesseminarleiter des Vereines »Zusammenarbeit mit Osteuropa«, mein Chef, richtet es so ein, dass die Standorte wechseln.

Es ist unserem Staat hoch anzurechnen, dass er das finanziert hat. Und das sehen die Aussiedler durchaus auch so. Sie fühlen sich willkommen geheißen. Am Abend sitzen wir zusammen und es wird erzählt und getanzt. Die Leute tauschen sich aus. Sie haben eine Gemeinschaft, sie kommen aus den engen Unterbringungen der Übergangswohnheime heraus, sie begegnen Einheimischen. Sie fühlen sich ernst genommen.

Es geht aber auch noch um etwas anderes.

Ich kann der Diktatur von vor vierzig Jahren, von vor wie viel Jahren auch immer, ins Handwerk pfuschen. Was immer ein kleiner Soldateska geglaubt hatte, unerkannt und ungesühnt machen zu dürfen, das kann ich revidieren oder korrigieren helfen.

Was stattgefunden hat in einem gottverlassenen Nest, in der Tat, in den Weiten des Baragan oder denen des unendlichen Kasachstans, auf einem nicht einsehbaren

Platz in sibirischen Wäldern, ich kann ein Stück der Würde zurückholen. Ich komme an die Quelle von Gerechtigkeit. Hat man den Leuten alle Ausweise oder Dokumente abgenommen oder sie haben sie aus Angst vor Durchsuchungen weggeworfen, so hilft unser Verband nun nachzuweisen, dass das Kind doch deutscher Abstammung ist und nach Deutschland kommen kann. Und dass die Frau zwangsweise einen Russen heiraten musste, denn die Dörfer mit nur russischen Männern lagen zwischen denen mit nur deutschen Frauen und nur deutschen Männern, jeweils meilenweit voneinander getrennt. Sie haben sich nicht, wie verlangt, vom Deutschtum abgesagt. Ihr erster Mann, einer von den Verschollenen, und ihre Eltern waren Deutsche, weisen wir nach.

Du konntest nicht ohne Mann überleben, verdeutlichen die Frauen. Ich höre den eisigen Wind pfeifen und den Frost in den Bäumen knacken und sehe die Frauen und Kinder, die das Stück Brot nicht bekommen, wenn sie mit ihren Äxten nicht die vorgeschriebene Menge Bäume geschlagen haben, und verstehe.

Hier, im unbekannten Kasachstan, in der Wallachei, in Sibirien, gilt uns das Deutschtum noch etwas. Dass sich nun gar keiner mehr dazu bekennt, das geht nun auch wieder nicht. Machen es bitteschön die, für die das lebenslang entscheidend war, die Deutschen im Ausland, die in einer ihnen feindlich gesinnten Diktatur leben. Nicht in irgendeinem Land, im Kernland ist das ja nun auch nicht nötig, klar. Bekenntnis muss sein, dann schon in dem Land, wo das lebensgefährdend sein kann. Wenn schon, denn schon. Die Verhältnisse haben sich umgekehrt, jetzt leben wir unser Deutschtum im Ausland, im Inneren führen wir Diskussionen wie, ob man stolz sein kann, Deutscher zu sein. Wir wollen Leute integrieren, worein eigentlich, in welche Identität?

Ich kann der Gerechtigkeit weiterhelfen und Menschlichkeit transportieren. Das sieht mein Mann ebenso und hilft auch mit. Dass der Verein auch »Zusammenarbeit mit Osteuropa« heißt und auf die Aussöhnung mit den osteuropäischen Staaten hinarbeitet, das gefällt mir ebenso. Was für die Aussöhnung mit den westeuropäischen Staaten galt, gleich nach dem Zweiten Weltkrieg eingeläutet, das muss auch für die osteuropäischen Beziehungen erreicht werden. Dass das aufgrund der riesigen Gebietsverluste Deutschlands und des Umganges mit den verbliebenen Deutschen in den Ostgebieten eine wesentlich sensiblere Aufgabe ist, das ist klar.

Ich als Nachfahrin von Betroffenen möchte zur Aussöhnung einen Beitrag leisten.

Wir nehmen die jetzt in den ehemals deutschen Gebieten Lebenden nicht in Haftung. Niemand von uns hat sich etwas ausgesucht, sie schon gar nicht. »Heine, ich auch«, sagt der tschechische Zöllner, als er den Koffer meiner Mutter kontrolliert, voller Bücher, Heine in vierbändiger Prachtausgabe obenauf, keine Ausfuhrgenehmigung. Er klappt ihn wieder zu und lässt uns durch. Auch die gesammelten Werke Schillers waren dabei, die ich regelrecht verschlungen habe. Ich hoffe, ich kann dem Manne damit antworten, ich versuche es. Und auf dem Durchgangsbahnhof in Tetschen, jetzt Decin, kommt die Kellnerin mit einem vollen Tablett mit Eisbechern und Würstchen und Salat für fünf Personen. Auf die abwehrende Bewegung meiner Mutter hin zeigt sie auf einen Mann am Nebentisch. Er muss gesehen haben, wie meine Mutter die verbliebenen Kronen gezählt hat, sie mit vier Kindern.

Dass wir jegliche Form von Geschichtsklitterung streng vermeiden müssen, das ist auch klar. Man heilt keine Wunde mit einer verschwiemelten Diagnose.

Aber man muss Freund sein wollen, auf beiden Seiten.

Und als ich bei einer Reise nach Moskau die dort am Stadtrand noch stehenden Panzersperren sehe, erfasst mich Entsetzten und Mitleid für alle, für die schuldlos überfallenen Russen, für die deutschen, so irregeleiteten, verführten und missbrauchten und sich selbst missbrauchenden Soldaten; Söhne und Männer meiner weiblichen Vorfahren.

Und wem das zu unkorrekt scheint, der denke an den ersten Stein. Mitleid, Verantwortung, Analyse, Recherche und Erbarmen und schließlich Handlungsauftrag, das sind die Zutaten im Topf der Aufarbeitung unserer Geschichte. Historischer Voyerismus, bloße Faktensammlung, das bringt uns nicht weiter, ob noch so geschliffen vorgetragen.

Wir fragen: Und was machen wir heute?

Frieden wollen wir auch privat, ich bin aber schon zu angekränkelt. Fehlende Wertschätzung und Anerkennung habe ich noch nie gut vertragen. Und hier ist beides nun ganz im Keller. Wenn ich meine Ehe retten will, muss ich etwas überwinden, dass mir diese Wertschätzung wieder gibt. Es ist ja so, so jemand taucht eben meistens auf. Und dieser war es auch wert, da habe ich mal wieder Glück. Und für diese Gabe bin ich dankbar, gleich im doppelten Sinne; sie rettet mich und meine Familie. Ich brauche eine Weile und als mein Mann den Ernst der Lage sieht, endlich, hilft er mir dabei. Kein Vorwurf, nie.

In dem Dreieck von Liebe, Recht und Gnade entscheidet er für die Liebe und die Gnade.

Größe ist das, das dritte mal. Hier kräht der Hahn andersherum. Ich erkenne, dass er tatsächlich nicht erkannt und verstanden hat, dass und warum ich mich abzulösen begonnen habe.

Ich sehe auch, dass wir unsere Liebe nicht verloren haben. Ich bestehe auf einer Familientherapie, denn die Verwerfungen sind an den Kindern und uns nicht spurlos vorbeigegangen. Wir schaffen das.

Mit Entsetzen denke ich daran, dass es hätte schief gehen können; wir hätten das Wertvollste unseres Lebens verloren. Je älter ich werde, um so deutlicher wird das.

Unser Verband erhält nach mehrjährigem Insistieren die Chance zu eigenen Verbandsräumen. Nun will ich richtig loslegen. Wird das funktionieren? Ich will das wissen. Ich will sehen, was ich gestalten kann. Ich schreibe:

Stadt
Ruht in deinen Häusern meine Liebe?
Ist in deinen Lampen auch mein Licht?
Und in deinen hunderten Fassaden,
Ist dort irgendwo auch mein Gesicht?
Gibst du Antwort, wenn ich dich befrage,
Oder hörst du meine Stimme nicht?

Aus den Wiesen zu dir hergekommen
Sind die Blüten immer noch mein Dom.
Doch nun stehen sie auf deinen Plätzen,
Ranken sich an deinen Mauern,
Wachsen unter deinen Bäumen.
Setz dich, Stadt, zu mir, wir können träumen.

Nimm aus meinen Händen diese Wasserschale.
Und in langen Zügen trinken wir daraus.
Meine Lieder, meine leisen Farben,
Sind sie unser langer Weg nach Haus?
Bist du mit mir in meinen Seelenräumen,
gibt es keinen Ort mehr zu versäumen.

Und die Stadt antwortet. Wir bekommen ein Raumangebot, mit der Maßgabe, die Räume selber auszubauen. Das dafür nötige Geld bekommen wir auch.

Wir bauen gemeinsam mit meinen Kollegen die Räumlichkeiten aus. Mit meinem Mann bespreche ich im Urlaub davor, ob wir das Risiko eingehen, ob wir das schaffen. Er stimmt zu und entwirft und baut die Lichtanlage für den Galeriebetrieb. Er zieht ein gänzlich neues elektrisches Leitungssystem ein und im Juli 1997 eröffnen

166

wir unsere ZMO-Räume. Nun kann ich Ausstellungen im eigenen Hause machen, zuvor habe ich mit anderen Kooperationspartnern zusammengearbeitet. Wir haben ein sehr schönes Büro mit zwei Beratungsplätzen. Zusammen mit meinem Kollegen, einem Aussiedler aus Schlesien und einem russlanddeutschen Lehrer aus Sibirien, entwickeln wir unseren Regionalverband. Neu in unserem Angebot ist ein Secondhand Bereich, der für alle Zuwanderer und ebenso für alle Einwohner von Mainz da ist. Alle Bedürftigen können hier Kleidung und Hausrat zu symbolischen Preisen bekommen. Dass sich dieses Angebot auch an Asylbewerber, Sozialhilfeempfänger und alle Bedürftigen richtet, weit über das klassische Klientel des ZMO hinaus, überzeugt unseren damaligen Sozialdezernenten Willi Abts. Dieser ist einer der Beamten, der zuerst Mensch ist. Er macht seinem Amt alle Ehre, zu großzügig manchmal inclusive. Von der Art lerne ich in der Stadtverwaltung und in Ministerien noch etliche Menschen kennen. Das bestätigt mich in meinen Zielen und in der Auffassung, dass es sich lohnt.

Der ZMO entwickelt sich, wir machen regelmäßig Ausstellungen mit deutschen Künstlern, die aus Osteuropa kommen, mit Künstlern, die Deutsche sind und hier wohnen und mit Künstlern, die Angehörige der osteuropäischen Nationen sind und auch dort leben.

Und das ist bis heute so bei geblieben. Auch viele Konzerte gibt es und wir vernetzen unsere Kulturarbeit mit städtischen Institutionen.

Das Secondhand Angebot wird von den Mainzern als Spender und Personen aller möglichen Herkünfte als Nutzer gut angenommen. Unsere Intention, Integration als ein ständiges zueinander bringen der Menschen zu betreiben, funktioniert. Zugleich bieten unsere Räume unserem Klientel endlich die Gelegenheit, sich außerhalb des häuslichen Rahmens sozusagen in einem geschützten Raum zu treffen.

Man darf ungestraft seinesgleichen sein.

Unsere Stadt unterstützt unsere Arbeit und ich lerne meine Stadt von innen kennen.

1999 gibt es eine außerordentlich schwierige Situation. Nach nur zwei Jahren kündigt der Besitzer der Immobilie der Stadt den Mietvertrag, diese infolgedessen dem ZMO.

Alles, was wir an Geld, Zeit und Arbeit investiert haben, ist ersatzlos pfutsch. Es heißt, ich könne die verschiedenen Arbeitsbereiche doch dezentralisieren und in unterschiedlichen Kooperationen getrennt weiterarbeiten.

Ich weigere mich, erkläre, dass diese Konzeption endlich die Umsetzung einer ganzheitlichen Integrationsarbeit ist, überlegt, gewollt, unverzichtbar.

Du bist fremd, gehst auf ein Amt, gehst nach Hause, du bist fremd. Auf dem Amt hängen fremde Bilder. Der Beamte versteht dich nicht. Er hat keine Ahnung von Aussiedlern. Du und er, ihr bleibt Plakat. Ich weiß ja selber zu genau, wie das ist. So will ich das nicht.

Meine Stadt, und das wird sie mehr und mehr, versteht und sucht wieder nach neuen Räumen.

Sie findet welche. Dieses mal müssen wir selber Mieter sein, wir müssen selber mit dem Besitzer verhandeln. Auch diese Räume, sie sind viel größer, müssen in erheblichem Maße umgebaut werden.

Dieses mal bin ich gewarnt. Ich stelle Bedingungen und mache Angebote. Meine Ansprechpartnerin akzeptiert, sie verhandelt und sagt das Limit. Wir einigen uns.

Unser Angebot wird erweitert, die gewachsene Mitgliederschaft hat genug Raum für unsere regelmäßigen Verbandsveranstaltungen und Feste. Und das bleibt so bei.

Es wird schon lange deutlich, dass es einem unserer Kinder nicht gut geht. Bei allem Mut zur Darstellung und aller Möglichkeit zur Konzentration verweise ich auf bekannte Beispiele. Es ist mir nicht möglich, schon weil sich die Frage der Authorisierung stellt, den mehr als zehnjährigen Prozess offen zu legen, der aus Hoffen und

Verzweiflung, Ratlosigkeit, tätiger Hilfe, deren Sinn immer nur ungewiss erscheinen muss, immer wieder Aufraffen, unheimlicher Stille, der Suche nach Klarheit, sich beruhigen und jedwedem Zwischenstand von diesem allen besteht.

Da kannst du dich freuen, wenn du doch so viel Kraft hast, einfach immer weiter zu gehen, weiter zu suchen, weiter, nicht aufhören. Alle Bilder vom Durchhalten, die ich je in Filmen gesehen, in Büchern gelesen habe, lassen sich damit assoziieren. Und du fragst dich dauernd nach deinem Anteil an der Situation und ob du dich genug bemühst.

Nur mit Mühe und weil doch in jedem von uns noch das Urgefühl für Frevel steckt, kann ich mich davon abhalten, im Elsass in einer Kirche Gott zu verfluchen. In allen anderen Kirchen, in den vielen wunderbaren in den Urlauben in Italien und Spanien rede ich Gott zu, er muss doch ein Einsehen haben. So ein unschuldiges Geschöpf.

Ich weiß, dass das völlig sinnlos ist. Hier handelt es sich nicht um ein Glaubens-, sondern um ein medizinisches Problem. Aber wie soll man damit zurecht kommen, jahrelang, das Leiden deines Kindes zu sehen, nicht wirklich helfen zu können und auch nicht wirklich zu wissen, was eigentlich genau los ist? Ist ein Mensch von Geburt an behindert, ist das schrecklich. Du lernst es, als Tatsache zu akzeptieren, hoffe ich.

Hier trifft es ein junges Mädchen, das alles an positiven Eigenschaften hat, was man sich denken kann. Der Frost vernichtet eine Rosenknospe, schon im Aufblühen begriffen. Und doch, unser Kind kämpft. Und wir mit ihm. Wir machen ihr immer wieder Mut. Wir reden mit ihr, ich stundenlang. Ich suche immer wieder Hilfe. Sie macht sogar ihr Abitur. Unsere Familie hält zusammen, auch der Sohn aus der ersten Ehe meines Mannes, der seit dem Mauerfall regelmäßig zu Besuch kommt und immer schon zur Seite steht.

Dann lernt sie einen jungen Mann kennen. Der ist eine Ausnahmeerscheinung, in jeder Hinsicht. Wir klären ihn auf, so gut wir selber etwas zu sagen wissen.

Nichts schreckt ihn und so bleibt das bei. Er macht alle Höhen und Tiefen mit, unbeirrbar. Er breitet seine großen schwarzen Schwingen aus und behütet seine weiße Möve Leila. Wenn sie wegfliegt, fliegt er hinterher, beobachtet von oben und beschützt sie im richtigen Moment. Selbst wenn sie in ihrer Not und ihrem krankheitsbedingtem Unverstand nach ihm hackt, weicht er nicht. Und er bleibt bei seiner Möve Leila.

Wir bekommen in einjährigem Abstand zwei Enkelsöhne, überglücklich sind wir darüber. Wir helfen, wie alle Großeltern. Die Hoffnung, dass die Kinder das Problem dauerhaft beheben, wird nicht erfüllt.

Schließlich kommt es zur Krise und endlich setzt eine professionelle medizinische Behandlung ein; die Not ist größer geworden als die Angst vor einer unbekannten Behandlung. Man wird das kennen, dass man jemanden mit nichts davon überzeugen kann, dass er keine Angst zu haben brauche, die Not muss erst größer werden als die Angst.

Die Behandlung ist sehr erfolgreich und wir können alle ein neues Leben anfangen, besonders unser Mädchen. Heute studiert sie. Ihr Mann hat sich das mehr als verdient. Wir Eltern und die Geschwister atmen auf. Wir treten als Wachmannschaft in die zweite Reihe.

Die Bundesregierung streicht nach und nach die Mittel, jetzt die für die Betreuungsarbeit. Die vielfach so geschimpften Aussiedler integrieren sich besser als jede andere Zuwanderergruppe, ergibt sich. Uns überrascht das nicht, ungeachtet der nicht zu leugnenden Probleme auch hier.

Mein Verband kann meine halbe Stelle nicht mehr bezahlen, ich werde arbeitslos. Ich habe das kommen sehen, will aber nicht das sinkende Schiff verlassen. Ich will auch meinen Landesvorsitzenden, meinen Chef, und seine kongeniale Ehefrau nicht im Stich lassen, waren doch deren unglaubliches Engagement für die Menschlichkeit und ihre großzügige Art, mich gewähren zu lassen, mit ausschlaggebend, dass ich mich so rückhaltlos dem Aufbau des ZMO Mainz verschrieben habe.

Ein Jahr lang arbeite ich rein ehrenamtlich weiter, ich habe noch Hoffnung, dass die avisierten Verhandlungen auf Landes- und Bundesebene etwas Positives ergeben könnten.

Diese Hoffnung erweist sich mit erfolgter Bundestagswahl als überflüssig. Wieder einmal sehe ich, dass man selbstbestimmt handeln muss.

Ich beschließe, mich auf meine Profession zu besinnen und bewerbe mich bei der Landesregierung Rheinland-Pfalz um eine Anstellung als Lehrerin.

Es vergehen nur wenige Tage und ich bekomme telefonisch ein Angebot als Vertretungslehrerin an einer Schule in Mainz. Obwohl ich in meiner Bewerbung ausdrücklich geschrieben hatte, ich wolle keine Vertretungslehrerin mehr sein, nehme ich das Angebot an.

Da bin ich fünfundfünfzig Jahre alt, wieder eine Grenzüberschreitung. Ich muss mich ungeheuer einarbeiten. Und wieder bekomme ich entschieden Hilfe von meinen Kollegen.

Mittlerweile unterrichte ich an dieser Schule das 10. Jahr und stehe kurz vor meiner Verrentung. Ich habe es gerne gemacht. An dieser Schule fühle ich mich wohl. Mit jedem Jahr wird das Kollegium jünger und es kommen auch immer mehr Kollegen aus anderen Ländern dazu. Wir sind selbst ein Integrationsprojekt. Und das klappt, weil wir ein gemeinsames Ziel haben und eine gegenseitige Wertschätzung. So kommen wir mit den vielfältigen Problemen, die unsere gemischte Schülerschaft bedingt, einigermaßen zurecht. Wir sehen auch, wie sehr die

Migrationssituation vieler Eltern sich auf die Kinder auswirkt. Wir erkennen, dass wir uns als Gesellschaft sehr viel mehr unseren Kindern zuwenden müssen. Sie sind es überdies überaus wert. Alles, was wir Ihnen verweigern, auch klare Standpunkte, begründet eine Schuld. Ganz genau hier gibt es nichts zu relativieren, schon gar nicht von Seiten der Politik, die sich der Verharmlosung, Unterlassung und Kurzsichtigkeit beschuldigen lassen muss. Und wir handeln nicht christlich, wenn wir nicht unser Äußerstes für unsere Kinder tun, für alle unsere Kinder. Um die unverzichtbaren Ziele zu erreichen, die zu einem gemeinschaftlichen, für alle identitätsstiftenden Konsens führen müssen, so dass aus unserer immer vielschichtiger werdenden Gesellschaft eine funktionierende Gemeinschaft wird, braucht es noch sehr viel größere Investitionen aller Art.

Das sehen wir auch.

Es wird Zeit, dass wir wieder einmal die Pharisäer aus dem Tempel werfen.

Nicht nur die fehlende Zeit ist schuld, dass ich mich dem ZMO über eine längere Strecke nicht widmen kann. Ich muss verkraften, dass man mir mein Herzstück weggenommen hat. Ich brauche Abstand. Dann kann ich neu anfangen. Das habe ich nach einigen Einarbeitungsjahren in der Schule getan. Seither arbeite ich parallel.

Meinen ZMO leite ich nun schon seit Jahren nach wie vor. Er hat sich von den Einbrüchen, die mein vorübergehender Weggang verursacht hat, erholt, auch ein längerer Prozess, und hat nun einen ganz neuen und sehr tüchtigen Vorstand. Nach meinem bevorstehenden Ausscheiden aus dem Schuldienst kann ich mich wieder mit ganzer Kraft einbringen.

Die Mauer in Berlin, die Grenzen zwischen den beiden Teilen Deutschlands sind gefallen. Deutschland ist nach vierzig Jahren Trennung wieder vereinigt.

1990 fahren wir alle zusammen zum vierzigsten Geburtstag meines jüngsten Bruders in meine alte Heimat, nach Schwerin und Umgebung. Nun dürfen wir alle zusammen feiern. Das ist doch die Familie, niemand hat sich etwas wegnehmen lassen! Die Feier liegt am Ende eines Urlaubs, bei dem wir in einer Art Rundreise alle unsere Verwandten besucht haben.

Sie findet am Wochenende statt. Mein Mann beantragt vorschriftsmäßig einen Tag mehr Beurlaubung, damit wir bei diesem Wiedersehen und zum vierzigsten Geburtstag nicht schon am Sonntag zurück fahren müssen.

Das Arbeitsamt verweigert das und verlangt, dass mein Mann am Montag in Mainz vorstellig wird. Bis zu seiner erzwungenen Pensionierung musste mein Mann noch sehr oft im Arbeitsamt vorstellig werden, ergebnislos.

Jemand muss die Ausführungsbestimmungen verlegt haben, die Paragraphen, Absatz 5.2, wie man im Falle der deutschen Wiedervereinigung mit der Familienzusammenführung verfährt. Und hat das Arbeitsamt die Definition der DDR, was eine Familie sei, übernommen?

Familienzusammenführung, hatte man uns seinerzeit aufgeklärt, beträfe Mann, Frau und Kinder. Mit Geschwistern, Onkeln, Nichten und dergleichen, störendem Zeug habe das nichts zu tun. Deswegen sei es allemal unbegründet, mit Großeltern, Tanten und Cousinen eine Familienzusammenführung zu beantragen.

Hier zählte nun auch die Schwester nicht, von der sich zu trennen, mündlich, schriftlich und endgültig, wolle er denn eine ihm angemessene Arbeitsstelle bekommen, man meinen Mann hatte zwingen wollen.

Muss man sich nun hier beleidigt fühlen?

Unser Wiedersehen ist vielleicht zwei Sekunden unsicher, dann herrscht nur noch Freude. Niemand will hier aufarbeiten. Alle wissen, das muss man, aber nicht hier. Wir wollen uns nichts an den Kopf werfen und wir haben uns nichts an den Kopf zu werfen. Wir wussten auch früher schon die Unterschiede. Wir wissen noch die Gemeinsamkeiten. Seitdem treffen wir uns immer wieder bei Jubiläen und ähnlichen Anlässen.

Und das bleibt genau so bei.

Immer wieder habe ich dabei auch mein Heimatdorf besucht.

Von Mal zu Mal sehe ich das Verschwinden einer ordnenden Kraft. Gleich nach der Wende ist das Dorf verwahrlost. Die Wegraine sind nicht mehr geschnitten, der Konsum ist geschlossen, von einer Bretterwand umgeben, ratlos steht alles zueinander. Jetzt sind einige Häuser sehr schön renoviert. Sie stehen zusammenhanglos neben den immer noch nicht abgerissenen, überflüssigen alten LPG Gebäuden, gleich am Eingang zum Dorf. Die neuen Häuser scheinen auf ihren Abtransport zu warten. Nie ist jemand auf der Dorfstraße zu sehen. Alle alten, Reet gedeckten Bauerngehöfte sind geschliffen. Das schöne, große Backsteingebäude mit dem Saal darin steht immer noch ungenutzt da und scheint sich mehr und mehr in sich zusammenzuziehen. Es schämt sich.

Mein verlassenes Schulgebäude, ein kleines Fachwerkhaus, sieht grau aus, als ob es einen Schimmelschleier hätte, die großen Kastanienbäume sind weg.

Das Dorf ist keines mehr.

Die Landschaftsidylle meiner Kindheit und Jugend ist zerstört. Alle querenden Hecken sind gerodet, die längsgezogenen ebenfalls, das Bächlein, das die Wiesen in großem Bogen teilte, ist großenteils zugeschüttet. Die lange Reihe Kopfweiden ist weg.

Die Wiesen selber sind umgebrochen und zu Feldern gemacht worden. Weder Pferde noch Kühe sind zu sehen. Man braucht kein Gras, keine Weide und kein Heu für die Viehwirtschaft. Es gibt keine Viehwirtschaft mehr. Der Bruchwald,einst strukturierender Punkt der großzügigen Landschaft, steht alleingelassen in der abgetakelten

Flur. Kein einziges der Buschwindröschen, auf deren Erscheinen ich im zeitigen Frühjahr schon immer gewartet hatte und die den ganzen Boden mit einem weißen Teppich bedeckt hatten, ist zu sehen. Hier gibt es weder Wiesenschaumkraut, noch Orchideen, keine Sternmiere, Veilchen, weder Sauerampfer noch Klee, keinen Pferdekümmel, nicht mal Gänseblümchen, keine Himmelsschlüssel und Butterblumen, schon gar keine Königskerzen. Im Bruchwald stehen noch ein paar gelbe Sternmieren, vereinzelt. Sein Grund ist versumpft und ungepflegt. Höchstens ein paar Greifvögel kreisen hier noch. Für die Störche, früher sehnsüchtig erwartet, gibt es keinen Platz und kein Futter mehr.

Die unzähligen kleinen Vogelarten haben die Flucht ergriffen. Dafür gibt es einen Fortschritt. Mitten auf der oberen ehemaligen Wiese sind zwei Wasserbecken ausgehoben, umgeben von Betonpfählen, oben gebogen. Ihnen fehlt nur noch der Stacheldraht. Hier hat man kanalisiert. Was bloß?

Mir fällt das Lied von den Ritterburgen an dem Saalestrand ein. In meinem Dorf ist die Ritterburg nur das auch graue, verlassene Gebäude des Kindergartens, gleich neben der Schule. Daher war mal meine kleine Nichte zu uns herunter gekommen und hatte sich empört vor meiner Mutter aufgebaut, entrüstet erklärend, da ginge sie nie wieder hin, die Kindergärtnerin mache ja nur Kreisspiele!

Ich habe mich in vieljähriger Arbeit von dem Ort verabschiedet, in Frieden und Dankbarkeit. Ihm kann ich nicht mehr helfen, mich hat er stark und reich in die Welt entlassen.

Aber wie das so ist, der Baum ist gestorben, unweit davon ist unbemerkt ein neuer Spross gewachsen. In dem kleinen Vorort zu meinem Dorf, etwa einen Kilometer entfernt, ehedem völlig bedeutungslos und ohne jede Struktur, noch vor meiner Kindheit ein Vorwerk für Saisonarbeiter, haben mein Neffe, ältester Sohn meines jüngsten Bruders, und seine Frau ein Haus in der Bökener Straße gebaut und ziehen nun drei Jungen auf. Noch weitere Leute haben sich dort nieder gelassen und der Ort hat sich schon völlig verwandelt. Was früher nur eine kleine Häuseransammlung war, Durchgang auf dem Wege nach und von zu Hause, ist heute Lebensmittelpunkt einer unserer Nachkommen. Wir besuchen sie regelmäßig, und ich sehe dabei, was in Kindheit und Jugend in mich eingezogen ist.

Ich sehe den Abhang, auf dem wir als Kinder gerodelt sind, ein ganzes Stück von zu Hause aus zu laufen. Am Ende des relativ steilen Hanges musste man aufpassen, weil ein Zaun die Wiese begrenzte. Noch heute fühle ich die eiskalten Füße, denn vor Einbruch der Dunkelheit sind wir nicht heimgegangen. Mein Bruder hat mich auf dem Schlitten heimgezogen, es sollte schneller gehen. Der Hang und das sich anschließende Waldstück füllten sich mit Dämmerung und der Spruch meiner Oma aus Warnsdorf »'s nur gutt, dass mir die Stube drinne hon«, bedurfte keiner Erklärung.

Meine Mutter und alle anderen maßgeblichen Personen sind gestorben oder leben auch nicht mehr in meinem Dorf.

Ton für Ton ist verstummt. Meine Mutter ist nach einiger Zeit, nachdem ihr zweiter Mann gestorben war, in die Stadt gezogen. Was sollte sie in dem Dorf und der nun zur Abgeschiedenheit gewordenen Wohnlage ganz alleine, nur noch mit Erinnerungen versehen, bösen und guten?

Dank des Engagements meiner Brüder stand mit dem ausgebauten Gehöft der so dringend benötigte Wohnraum für eine junge Familie, die auch noch entfernt verwandt mit uns war, zur Verfügung. Mein ältester Bruder konnte einen Tausch zwischen zwei Genossenschaften organisieren, der LPG und einer Wohnungsbaugenossenschaft, so dass meine Mutter eine Zwei-Zimmer-Wohnung in einem Schweriner Vorort beziehen konnte, ein

Luxus seinerzeit. Sie hatte alle notwendige Infrastruktur um sich herum und eine gute Verkehrsanbindung in die Innenstadt. Der Stadtteil war großzügig geplant, mit Grünflächen und Blumenrabatten versehen. Außerdem lag dieser Stadtteil an der besagten Ausfallstraße, der Lübecker Straße, zu der Überlandchaussee zu unserem Dorf. So war meine Mutter eigentlich nur ein Stück weiter gezogen. Dort hat sie sich sehr wohl gefühlt. Sie hatte endlich ein bequemes Leben.

Mir ist die Trennung von Mutter und Kind und besonders von mir immer unnatürlich vorgekommen. Und ich weiß, dass meine Mutter das Thema sehr beschäftigt hat und dass sie es unter der Thematik des Generationenkonfliktes summiert hat. Die ungarische Schriftstellerin Magda Szabo war ihr da eine Hilfe. Je älter ich werde, um so unnatürlicher und manchmal auch schmerzlich kommt mir diese Trennung vor. Auf der anderen Seite ist es aber auch so, dass durch die viel größere Selbständigkeit der Eltern ein enges Zusammenleben der Generationen sehr problematisch sein kann. Schon meine Mama hätte in keinem der Haushalte ihrer Kinder mit leben wollen und auch können. Das wäre schon von der praktischen Seite her nicht gegangen. Sie hat auch immer wieder versichert, dass ihr das Alleinsein recht wäre, sie sich damit sehr wohl fühle. Übrig bleibt für mich aber doch ein deutliches Empfinden, dass ich sie alleine gelassen habe und dass es zwischen ihrer Lebensleistung für uns und mich und ihrer Lebenssituation in ihren letzten Jahren nur eine unzureichende Übereinstimmung gibt.

Weder sollte man seine Heimat verlassen, wenn es dafür nicht zwingende Gründe gibt, noch seine Eltern; eine Auffassung, der unsere moderne Welt geradezu Hohn lachen muss. Zumindest sollte dies nicht unter Zwang geschehen. Ist es nicht die Erde, die nicht umsonst Muttererde heißt? Und schier alles, was du isst, trägst, benutzt und herumstellst, es ist Erde, verwandelt durch die Natur oder den Menschen. Und es gibt dazwischen eine Verbindung. Schon in meiner frühesten Kindheit habe ich das unbewusst verstanden, da das höchst problematische Verhältnis meiner Mutter zu der ihrigen gleichzeitig bedeutete, dass meine Mutter auch zu ihrer Heimat zeitlebens ein gestörtes Verhältnis hatte. Nicht zufällig ist das bei mir in Beidem umgekehrt.

Diese Verbindung zu kappen, kann existenzbedrohend werden, habe ich erfahren.

Das Gegenteil zur Verbindung mit unserer Erde, nämlich Massenflucht, Massenvertreibung und Massenvernichtung ist zunehmend der Fall. Wie soll da wirklicher Frieden geschehen?

Und leben wir im Frieden mit unserer Umwelt?

Spiegelt nicht unser zerstörerisches Gebaren mit unserer Erde und unser wachsender Unfriede untereinander diesen Zusammenhang?

Ich denke, so pauschal muss ich das fragen.

9. Kapitel

Neue Heimat

Ich habe eine neue Heimat. Die Natur ist wieder meine und original. Ich fühle mich zwar nicht ganz identisch, was ja aber mein halbes Leben lang so war. Ich kann jedoch nach meinem Dafürhalten handeln.

Das wird anerkannt und unterstützt.

Um mein Mietshaus blühen jede Menge Blumen. In mehr als zehnjähriger Arbeit habe ich rund um das Haus Blumenanlagen geschaffen, Sträucher gepflanzt und Steineinfassungen angelegt.

Das Wohngebiet ist durchsetzt mit Bäumen und Büschen, durch Rasenflächen getrennt. Oft fragen die Leute, warum ich die Arbeit mache, es gehöre mir doch nicht. Doch, tut es, es ist jetzt meine Heimat. Millimeterweise habe ich sie mir erobert. Und die Blumen fragen nicht, wem der Boden gehört, sie blühen. Die Erde ist mein, wieder.

Ich habe einer Birke beim Wachsen zugesehen, über Jahre von einem kleinen Spross zu nunmehr einem großen Baum. Dann hat meine Wohnungsbaugesellschaft sie abholzen lassen, sie war schief gewachsen. Das hat man die ganzen Jahre sehen können. Ich muss zugeben, das ist der kleine Unterschied, der den Unterschied macht, der Grund gehört mir nicht.

Mir geht es nicht um Besitz, mir geht es um Schönheit.

Ich schaue in die Bäume, aus jedem meiner Wohnungsfenster, und der Nebel macht nun wieder eine Wohnstube. Ich höre und sehe die Wildgänse fortziehen. Ein paar hundert Meter die Anhöhe hoch, und ich überblicke in einem riesigen Panorama den Rheinbogen und die hügelige Ebene der Weinberge, kilometerweit. Gleichviel, in welche Richtung du fährst, die Umgebung meiner Stadt ist im Nahen wie im Fernen wunderschön.

Dass sie ganz anders ist als meine mecklenburgische Heimat, damit habe ich mich nun abgefunden. Aber die Grenze ist ja weg, ich kann jederzeit nach Mecklenburg fahren. Nun lebe ich wieder auf der Erde.

Wenn du siehst, wie sich über der rheinhessischen Ebene Tausende Stare zum Abflug sammeln und in mehreren Schwärmen am Himmel hin und her wogen, sich zu immer neuen Formationen vereinigend, dann fühlst du die Welt sich wieder zusammenschließen.

Was früher die Schwalbenschwärme waren, zu Hunderten eine Spitzenlitze auf den Stromleitungen bildend, das sind nun die Stare. Und der Schrei der Wildgänse ruft die großen, keilförmigen Gänseschwärme wieder auf, die über die weiten Felder und Wiesen meiner Kindheit abstrichen.

Du hast dich immer gefragt, wohin das denn nun ist »im Süden«, wohin die Gänse flögen, im Herbst.

Ein Stück ist es da, wo du jetzt bist, die Gänse machen an den Rheinauen Rast.

Ich habe Glück gehabt, es hat sich »ein neuer Erdball« um mich geschlossen.

Voll Demut und Respekt muss ich bei diesem Zitat sagen, dass meine Verzweiflung der von Else Lasker-Schüler nicht vergleichbar war. Ihre Verlorenheit, die einer Jüdin während des Naziregimes, war die eines Menschen, der sich von der ganzen Menschheit verlassen und ausgespuckt gefühlt hat, zu Recht, wider seinem lebenslangen Bemühen um Humanität und Freude. Ihr Gedicht vermittelt mir mehr, sehr viel mehr, als zig Dokus allenthalben in den Medien.

Meine Mutter hat mir das Gedicht Anfang der 80er Jahre geschickt. Wahrscheinlich hat sie auch ein Stück ihres Verlassenseins mitteilen wollen, das verstehe ich jetzt erst. Was hätte ich machen sollen? Das Gedicht steht seither auf meinem Schreibtisch.

Dass ich mich näherungsweise lange ähnlich gefühlt habe, lässt mich den Abgrund dieser Dichterin und der Ihr Gleichen ahnen. Ich vermeide das Wort »Schicksalsgenossen«, denn um ein Schicksal im Sinne eines unvermeidbaren oder unabwendbaren Geschehens handelt es sich bei der Vernichtung der Juden nicht. Sie war vielmehr eine Verbindung von aktivem und geduldetem Vernichtungswillen und dessen Umsetzung, klar zu definieren in seinen systematischen Stufen, von der Diffamierung über die Entrechtung bis zur Vernichtung.

Meine Kinder sind hier groß geworden, es ist ihre Heimat. Ich will, dass sie von meiner alten Heimat Kenntnis haben. Sie kennen sie noch aus eigener Anschauung als Kinder. Ich will nicht, das sie zwiespältig zwischen der alten Heimat ihrer Eltern und ihrer eigenen hin und her pendeln.

Auch deswegen musste es mir gelingen, eine neue, gleichwertige Heimat zu bilden. Meine Kinder haben ein eigenes Recht auf Heimat, unangekränkt von der Vergangenheit ihrer Eltern. Mit der Wiedervereinigung Deutschlands ist dieses Problem nun auch historisch. Meine Auswanderung aus der DDR hatte das Problem der Heimat aufgeworfen, zugleich war sie Teil der Lösung. Ganz Deutschland musste wieder eine Heimat sein. Ich arbeite daran, dass sie das auch für alle zugezogenen Menschen werden kann.

Mein Leben zeigt, dass auch und gerade heute Goethe Recht hat, man muss sich die Chancen täglich erobern.

Die Ausreisenden waren die ersten Mauerspechte, diejenigen, die den Fall der Mauer eingeleitet haben, sagte Erich Loest zu mir, als wir zu seiner Zeit als Mainzer Stadtschreiber im ZMO eine Lesung mit ihm gemacht haben. Da war die Mauer schon gefallen. Sehr unverständlich ist mir der und mit Kummer und Ärger sehe ich den absolut unachtsamen Umgang vieler meiner Nachbarn und Mitmenschen mit ihrer direkten und allgemeinen Umgebung. Sie vermüllen flächendeckend alles und sind weder durch Vorbild noch durch Ermahnungen zu einer Verhaltensänderung zu bewegen.

Vielleicht fehlt ihnen das Heimatgefühl. Ist es nicht, noch nicht oder nicht mehr ihre Erde, die sie beherbergt und schützt und die sie schützen wollen?

Was ist die Erde dann für sie?

Für die vielen Kinder in meinem unmittelbaren Wohnumfeld fehlt es an Spiel- und Beschäftigungsmöglichkeiten. Unsere Wohnungsgesellschaft bemüht sich Missstände zu regeln und zu beheben. Sie gestaltet die Spielplätze neu. Es fehlt ein Hausmeister. Ermutigend ist es nicht, wenn Mieter Wäsche, auch nasse, über die frisch renovierten Balkonbrüstungen hängen und das wochenlang so belassen. Das Wohnumfeld verwandelt sich immer mal negativ. Ständige Reinigungsdienste säubern Straßen, Wege, Spielplätze, Rasen und Hecken. Die Müllabfuhr holt mehrmals wöchentlich Müll, Sperr- und Sondermüll ab. Die Pflegekräfte werfen die Müllbeutel in die Mülltonnen. Bewohner stellen die Müllbeutel auf den Boden, neben die Tonnen. Die Beutel platzen auf, der Müll verteilt sich. Die Krähen, und manchmal auch Ratten, verteilen Windeln und Obstschalen, fetttriefende Essenreste und Sonstiges auf dem Boden.

Und auch das bleibt so bei. Dies stört mich immer von neuem ebenso, wie voll geschmierte Wände und mit vielen Trampelpfaden verunstaltete Rasenflächen, da, wo ich wohne und überall in unserer Stadt. Und nicht nur da. Und es stört nicht nur mich.

So profan dies scheint, es gäbe doch Schlimmeres, heißt es. Es ist etwas, gegen das man sich andauernd zur Wehr setzen muss.

Es mangelt zudem an einer qualifizierten Aufsicht durch die Eltern. Sie treten großenteils gar nicht in

Erscheinung. Mein Bemühen hier vor Ort wird jedoch eher anerkannt und nur wenige Kinder rupfen mal etwas ab oder laufen über die Beete. Im Gegenteil kommen sie und fragen und wollen helfen.

Für Kinder muss es Blumen geben.

Die Gesamtsituation behindert zu einem Teil meine völlige Identifikation. Für mich gehören ästhetische Maßstäbe dazu. Im Allgemeinen sind die Mitbewohner aber freundlich und unterhalten sich gerne. Manchmal scheitert das an Sprachkenntnissen. Deutlich wird aber auch, dass es ganz unabhängig von Herkünften Übereinstimmungen gibt, im Positiven wie im Negativen. Kritik an den oben angeführten Sachverhalten kommt von Urmainzern ebenso wie von Zugewanderten.

Wenn wir eine Gemeinschaft haben wollen, müssen wir uns nach gemeinsamen Normen und Vorstellungen fragen. Wir dürfen uns nicht durch Gruppeneinteilungen von vorne herein trennen.

Es ist eine etwas eigenartige Lebenssituation, in der ich mich befinde, die aber eben überall zu einer ganz normalen werden wird. Mein Umfeld setzt sich aus wenigen Einheimischen zusammen, der größte Teil sind Zuwanderer aus der Türkei, dem Iran, Russland und ähnlichen Herkünften. Allerdings sind diejenigen, die hier schon lange leben, und das sind nicht wenige Bewohner, auch Einheimische. Mein eigenes Leben, das meiner Eltern, meine Arbeit in der Schule und besonders auch meine langjährige Tätigkeit in meinem Verein, alles enthält und bearbeitet wesentlich das Moment der Migration. Mir scheint das die herausragende Herausforderung der Gegenwart und der Zukunft zu sein. Migration wird zunehmen. Das enorme Gefälle in den Lebensbedingungen zwischen Ländern und Kontinenten und die Aussichtslosigkeit, das in der eigenen Lebensspanne lohnend zu ändern, bewegen viele Menschen, ihre Heimat zu verlassen. Die stark gestiegene Mobilität, und sei sie noch so

gefährlich, und der immens vereinfachte Informations-
fluss machen es den Menschen viel leichter, lebensbedro-
henden oder hemmenden Umständen zu entkommen.
Von der Bewältigung dieser Migrationsströme, der damit
verbundenen Aufgaben, werden alle Schichten der Gesellschaft berührt. Ihr Gelingen oder Misslingen bestimmen
die Qualität unseres Zusammenlebens.

Ich kenne nun aus eigener, familiärer Erfahrung aus drei
Generationen die vielen sichtbaren und unsichtbaren Probleme von Migration. Im Privaten ebenso wie aus meiner
Erfahrung als Lehrerin weiß ich, wie diese Problemlagen
vererbt, weiter gegeben werden. Ich sehe, wie vielfältig die
Bewusstseinslagen in unserer Gesellschaft sind, wie konträr oft die Auffassungen. Neben klaren Maßstäben
braucht es Zuwendung, Geduld, Menschenliebe und mitunter auch Courage, um für uns alle etwas Positives zu
erreichen. Und diesem will ich mich nicht verschließen,
sondern im Gegenteil so viel Gutes und Nützliches erreichen wie möglich.

Es reicht nicht aus, zu Silvester Schillers Ode an die
Freude zu singen, obwohl, singen sollen wir sie.

Freude brauchen wir, Zuversicht und die gespannte
Erwartung, was du schaffen kannst, auch mit über sechzig
Jahren noch. Gerade dann, wenn du doch etwas klüger
und viel großherziger geworden sein kannst.

Am allermeisten unterstützt mich mein Mann, hilfreich, großzügig und gutherzig. Es gibt kaum eine Akti-
vität, an der er nicht beteiligt ist. Wir leben ein ruhiges
und glückliches Leben. Wir müssen uns nicht andauernd
unserer versichern, wir sind sicher. Wir genießen eine
Selbstverständlichkeit. Unsere Vergangenheit ist aufgehoben und schützt uns. Alle uns heimsuchenden Gespenster
haben wir überwältigt und werden wir überwältigen.

Unsere Kinder entwickeln sich prächtig und zu unserer
großen Freude. Unser Sohn, intelligent, neugierig, für

jeden Spaß zu haben, spontan, aber auch mit der Gabe ausgestattet, sich zu hinterfragen, ohne sich zu verlieren, hat als Ingenieur eine sichere berufliche Tätigkeit vor sich. Nach unseren Erfahrungen beruhigt uns das verständlicherweise. Er hat sich seinen Weg auch selbst erkämpft, immer wieder neu justierend. Auch er ist uns sehr verbunden und trachtet immer danach, uns eine Freude zu machen. Mit unserer Schwiegertochter sind wir sehr einverstanden. Sie ist ein großer Zugewinn in unserer Familie. Zielbewusst, freundlich und sanft geht sie einen klugen Weg. Wir wissen unseren Sohn in guten Händen. Das trifft auch auf den Sohn meines Mannes aus erster Ehe zu.

Wir freuen uns anhaltend an unseren Enkelsöhnen, prächtige Burschen, und der gesamten Familie. Auch hier haben alle Mühen zum Erfolg geführt. Durch unseren Schwiegersohn aus Afrika haben wir Einblicke bekommen und Menschen kennen gelernt, zu denen wir sonst nie Zugang gehabt hätten. Es bereichert unser Leben ungemein.

Unsere jüngste Tochter ist Ärztin. Tatkraft, Empathie, Lebenskraft und Intelligenz ergeben eine Mischung, die dich nicht nur aller Sorgen enthebt, sondern immer einen warmen Ofen bereit hält. Ihr Mann ist dazu die deckungsgleiche Hälfte. Sie wohnen im Norden, so dass ich ein sehr vertrautes Umfeld habe, wenn wir sie besuchen.

Ich habe meinen Norden wieder.

Sie hat nun unser drittes Enkelkind geboren, die erste Enkeltochter.

Das bist du, Rieke, die du das hoffentlich einmal alles liest, die du die Frauengenerationen deiner Vorfahrinnen fortsetzt.

Es mag als Bürde erscheinen, aber dich sehe ich lachend und strahlend, kraftvoll, voll Witz und Tragfähigkeit vor dem Leben stehen, entschlossen, für dich und deine Mitmenschen das Beste aus diesem Leben zu machen.

Genau das strahlst du jetzt schon mit deinen drei Jahren aus. Und natürlich wünsche ich mir, dass es da noch viele weibliche Nachfahrinnen gibt und dass das Gesagte für sie ebenso gilt wie für unsere jetzigen männlichen Nachkommen, die auch schon Großes versprechen, und für die noch kommenden.

Wir alle hier im Text Genannten bereiten das so gut vor wie möglich.

Und das bleibt so bei.

Personen dieses Textes

Anita, Tatjana: Mutter der Autorin, 1922 in Warnsdorf, Tschechoslowakei, geboren

Tatjanas Mutter: Samtschneiderin, auch Olimaus genannt, bleibt nach dem Zweiten Weltkrieg in der Tschechoslowakei, heiratet zum zweiten Mal den Werkmeister einer Textilfabrik, einen Bibliophilen

Tatjanas Großmutter: Hebamme in Warnsdorf

Tatjanas Vater: früh von seiner Frau getrennt, Jugoslawe und aus der Steiermark. Mit seiner zweiten Frau – Tante Emmy – ließ er sich in Kaufbeuren (Bayern) nieder

Tatjanas erster Mann: Vater der Autorin, ein Schuhmacher aus den Sudeten, in W(V)arnsdorf niedergelassen. Vater dreier Söhne, wovon der jüngere verunglückte. In zweiter Ehe verheiratet mit Anita Tatjana. Aussiedlung aus der Tschechoslowakei 1945 und Übersiedlung nach Mecklenburg
Dessen Familie – die Schwestern Elsa und Paula sowie Paulas Ehemann Herrmann, Geschäftsführer eines Textilgeschäftes in Miltenberg – wurden 1945 ebenfalls zwangausgesiedelt, zogen in den Odenwald

Die Autorin ist das dritte Kind von Tatjana und deren einzige Tochter, 1947 in Mecklenburg geboren, Lehrerin, Ausreise aus der DDR 1978
Der älteste Bruder: erster Sohn aus Vaters erster Ehe, Diplomingenieur, verantwortlich für den Einsatz von Landtechnik im Bezirk Schwerin
Der zweitälteste Bruder, Diplomlandwirt, gilt als verschollen

Der dritte Bruder: altersmäßig, seelisch und geistig am dichtesten zu dem Fräulein, ihre schützende Hand, Diplomfischwirt und Politiker. Oft nur »mein Bruder« genannt

Der vierte, jüngere Bruder: Diplomlehrer, Schulinspektor und Überlebenskünstler

Tatjanas zweiter Mann: ein einfacher Mann, Landarbeiter